Beck-Rechtsberater

Rechtsfragen zur Ehe

dtv

Beck-Rechtsberater

Rechtsfragen zur Ehe

Voreheliches Zusammenleben · Ehevermögensrecht · Unterhalt · Vereinbarungen

Von Prof. Dr. Dr. Herbert Grziwotz, Notar in Regen,
Honorarprofessor an der Universität Regensburg

5., vollständig überarbeitete Auflage

www.dtv.de
www.beck.de

Originalausgabe

dtv Verlagsgesellschaft mbH & Co. KG,
Tumblingerstraße 21, 80337 München

Druck und Bindung: Druckerei C.H. Beck, Nördlingen
(Adresse der Druckerei: Wilhelmstraße 9, 80801 München)
Satz: ottomedien GmbH, Darmstadt
Umschlaggestaltung: Design Concept Krön, Puchheim,
unter Verwendung eines Fotos von GettyImages
ISBN 978-3-423-51214-5 (dtv)
ISBN 978-3-406-71212-8 (C.H.Beck)
ISBN 978-3-406-71213-5 (eBook)

9 783406 712128

Vorwort

„Die Ehe ist der Anfang und der Gipfel aller Kultur" Dieses „Loblied" der Ehe stammt von Johann Wolfgang Goethe. Der Philosoph Fichte hat es noch romantischer formuliert: Die Ehe ist die vollkommene Umtauschung der Herzen und Willen. Seit 1. Oktober 2017 können auch gleichgeschlechtliche Paare heiraten. Der „Postillon" hat dies satirisch folgendermaßen kommentiert: „Vergessene Hochzeitstage, schleichende Entfremdung, Hass auf lästige Angewohnheiten des Partners: Auch Homosexuelle wollen endlich die Vorzüge offener Partnerschaften zugunsten der zermürbenden, lebenslangen Hölle einer durchschnittlichen deutschen Ehe aufgeben dürfen." Die Wirklichkeit ist tatsächlich wenig romantisch: Immer mehr Ehen werden geschieden. Aber wer denkt daran beim Standesamt? Und kaum jemand wird sein „Ja" auch als Zustimmung zu mehr als hundert Paragraphen verstehen, die die Rechte und Pflichten in der Ehe, das eheliche Güter- und Unterhaltsrecht, das Erbrecht sowie die Vermögensauseinandersetzung und die Verteilung der Haushaltsgegenstände anlässlich einer Scheidung, die nachehelichen Unterhaltspflichten und den Ausgleich der Alters- und Invaliditätsrenten betreffen. Während bei weniger „gefährlichen" Rechtsgeschäften ein gesetzliches Widerrufsrecht besteht, ist der Ehegatte „vom (risikolosen) Umtausch ausgeschlossen". Da eine Beratung über die Rechtsfolgen der Eheschließung beim Standesamt nicht erfolgt, erfahren Betroffene meist erst im Scheidungsverfahren, welche finanziellen Folgen das aus Liebe gegebene Jawort für sie hatte.

Dieser Ratgeber wendet sich zunächst an Paare, die eine Eheschließung erst planen. Aber auch frisch getraute und bereits „erprobte" Ehegatten und Lebenspartner können gemeinsam faire Vereinbarungen in guten Tagen ihrer Partnerschaft nachholen. Mitunter müssen ältere Ehe- und Lebenspartnerschaftsverträge angepasst werden, um nicht von den Gerichten für unwirksam erklärt zu werden. Schließlich können juristische Gestaltungen helfen, den Partner vor Ansprüchen Dritter zu schützen und Steuern zu sparen.

Immer mehr Paare leben in Deutschland unverheiratet zusammen. Bereits jedes dritte Kind wird außerhalb einer Ehe geboren. Auch für nichteheliche Paare können sich bei einer Erkrankung und beim Tod des Partners sowie bei einer Trennung Probleme ergeben. Auf sie und auf die Frage, wann es ratsam ist zu heiraten, wird deshalb ebenfalls kurz eingegangen.

Im ersten Teil des Buches werden Paare über die gesetzlichen Regelungen und die Rechtsprechung der Familiengerichte anhand von praktischen Beispielen informiert. Der zweite Teil stellt dar, was in Eheverträgen vereinbart werden kann. Paare können selbst prüfen, welche Regelung für ihren individuellen Fall geeignet und vor allem auch fair ist. Die im 2. Kapitel abgedruckten Muster enthalten in der Praxis häufige und steuerlich vorteilhafte Gestaltungsmöglichkeiten für bestimmte gelebte Konstellationen.

In der fünften neu bearbeiteten Auflage werden die Rechtsprechung zur Auseinandersetzung nichtehelicher Lebensgemeinschaften, die Vorschriften zur „Ehe für alle“ und zu den auslaufenden Lebenspartnerschaften sowie die aktuellen Gerichtsentscheidungen zur Inhaltskontrolle von Eheverträgen berücksichtigt. Der Ratgeber soll zwar jeden Partner über die ihm zustehenden Rechte informieren. Dies soll aber nicht dazu dienen, den Partner „über den Tisch zu ziehen“, sondern Ausgangspunkt für faire und damit auch „gerichtsfeste“ Gestaltungen sein. Da eingetragene Lebenspartnerschaften nicht neu begründet werden können und die für sie geltenden Regelungen dem Eherecht weitgehend entsprechen, werden sie nur dort erwähnt, wo weiterhin Besonderheiten bestehen.

Regen, im August 2019 *Herbert Grziwotz*

Inhaltsübersicht

Inhaltsverzeichnis

2. Kapitel Ehe- und Lebenspartnerschaftsverträge, Vereinbarungen zu den persönlichen Beziehungen 139

1. Kapitel

Rechte und Pflichten in der Ehe

I. Eherecht

Das Bürgerliche Gesetzbuch (BGB) regelt in seinen §§ 1297 bis 1588 das Recht der Bürgerlichen **Ehe,** und zwar von Personen verschiedenen und gleichen Geschlechts, aber auch von Personen, die weder dem weiblichen noch dem männlichen Geschlecht angehören. Das Recht des Versorgungsausgleichs ist in einem eigenen Gesetz, dem Gesetz über den Versorgungsausgleich (VersAusglG), in 54 Paragraphen enthalten. Die Bestimmungen über die Führung der Personenstandsregister durch den Standesbeamten finden sich im Personenstandsgesetz (PStG). Für Eintragungen im Güterrechtsregister, für dessen Führung die Amtsgerichte zuständig sind, gelten §§ 374 Nr. 5, 377 Abs. 3 des Gesetzes über das Verfahren in Familiensachen und in den Angelegenheiten der freiwilligen Gerichtsbarkeit (FamFG). Von besonderer Bedeutung für die Entwicklung des Eherechts sind schließlich der in Art. 6 Abs. 1 Grundgesetz (GG) der Ehe und Familie gewährte besondere staatliche Schutz sowie die in Art. 3 Abs. 2 GG verankerte Gleichberechtigung von Mann und Frau. Art. 8 Europäische Menschenrechtskonvention (EMRK) gewährleistet das Recht auf Achtung des Familienlebens; Art. 12 EMRK garantiert Männern und Frauen das Recht, eine Ehe einzugehen und eine Familie zu gründen, als individuelles Grundrecht. Homosexuellen Paaren muss ein rechtlicher Rahmen für eine Anerkennung einer stabilen Partnerschaft zur Verfügung gestellt werden. Art. 9 Europäische Grundrechte-Charta (GRCh) gewährleistet die Eheschließungsfreiheit und das Recht, eine Familie gründen. Nachdem dieser Vorschrift kein bestimmter Ehebegriff zugrunde liegt, wird auch die mitgliedstaatlich zugelassene Zivilehe unter Gleichgeschlechtlichen geschützt.

Für die Rechtsverhältnisse **gleichgeschlechtlicher Paare** galten bis zum 1. Oktober 2017 nur die §§ 1 bis 23 des Lebenspartnerschaftsgesetzes (LPartG). Lebenspartnerschaften können seit diesem Zeitpunkt nicht mehr begründet werden. Für diejenigen Lebenspartner, die ihre Lebenspartnerschaft nicht beim Standesamt in eine Ehe umwandeln, gelten diese Vorschriften weiter.

Das gerichtliche Verfahren in Ehe- und Lebenspartnerschaftssachen regeln die §§ 121 ff. FamFG. Zuständig sind die Amtsgerichte (§ 23a GVG), und zwar die Abteilungen für Familiensachen (Familiengerichte, § 23b GVG). Diese entscheiden auch in Gewaltschutzsachen (§ 210 FamFG). Dagegen sind für Streitigkeiten nichtehelicher Partner die allgemeinen Zivilgerichte zuständig.

II. Verlöbnis und nichteheliche Lebensgemeinschaft

Früher war es nahezu selbstverständlich, dass man sich vor einer Eheschließung verlobte. Gegenwärtig verzichten immer mehr Paare auf eine Verlobung und ziehen zunächst „auf Probe“ zusammen. Das faktische Zusammenleben tritt bei immer mehr Paaren, auch wenn Kinder vorhanden sind, an die Stelle einer Ehe. Dies ist mit Risiken vor allem für den Partner verbunden, der zugunsten der Haushaltsführung und Kindererziehung seine Erwerbstätigkeit einschränkt.

1. Das Verlöbnis

a) Aufdringliche Verehrer/innen

Beispiel: Dagmar erhält von einem unbekannten Verehrer jeden Tag einen Strauß roter Rosen. Dann kommen glühende Liebesbriefe, zunächst mit Liebeserklärungen und dann mit erträumten unvergesslichen gemeinsamen erotischen Erlebnissen. SMS, E-Mails und anonyme Anrufe folgen. Als sie ein Päckchen mit Fotos bekommt, die sie insbesondere beim Umziehen, Oben-ohne-Sonnen am Balkon und beim Nacktbaden am Baggersee zeigen, wird sie wütend. Der Verehrer kann nur ihr Nachbar Stefan sein. Sie schreibt ihm auch einen (wenig freundlichen) Brief und, als die Nachstellungen weitergehen, noch einen zweiten durch ihren Rechtsanwalt. Allerdings hören auch dann die Avancen nicht auf. Im Gegenteil – überall, wo sich Dagmar befindet, taucht auch der „Typ" mit Kamera auf. Dagmar möchte ihm sein „Werben" gerichtlich verbieten lassen.

Moderne Formen einer psychischen Gewaltanwendung sind das wiederholte Nachstellen und Überwachen einer Person. Dies widerfährt nicht nur Stars durch Paparazzi. Das sogenannte Stalking ist auch im Privatbereich mehr als lästig. Eindeutige Angebote per SMS oder im Internet, terrorisierende Telefonanrufe und ständige Nachstellungen sind keine „Kavaliersdelikte". Zum Schutz des Opfers kann das Gericht (§ 1 GewSchG) deshalb einen „Bannkreis" um dessen Wohnung legen sowie Aufenthalts- und Kontaktaufnahmeverbote verfügen. Handelt der Täter einer Anordnung des Gerichts zuwider, kann er mit Freiheitsstrafe bis zu einem Jahr oder Geldstrafe bestraft werden. Die Verpflichtung, bestimmte Orte, an denen sich das Opfer aufhält, zu meiden, kann sogar per Gerichtsvollzieher durchgesetzt werden. Daneben sind als weitere Zwangsmittel das Zwangsgeld und die Zwangshaft möglich.

Beispiel Nachdem Stefan vom Familiengericht u. a. verboten wurde, mit Dagmar – auch unter Verwendung von Fernkommunikationsmitteln – Verbindung aufzunehmen, postet er auf Facebook den Gerichtsbeschluss, sodass Name und Adresse von Dagmar zu lesen sind. Er verfasst zahlreiche Beiträge über Dagmar, stellt eine Fotomontage mit ihrem

Kopf ein, schreibt dazu einen Kommentar über ihren schlechten Charakter und garniert dies mit dem Mittelfinger-Emoji. Dagmar wendet sich an Facebook wegen der Löschung der Inhalte und das Familiengericht mit der Bitte um Verhängung von Ordnungsmitteln.

Die Betreiber Sozialer Netzwerke sind verpflichtet Posts, die gegen bestimmte Gesetze verstoßen (§ 1 Abs. 3 NetzDG), zu denen auch Beleidigungsdelikte gehören, zu löschen. Hierzu müssen sie ein leicht erkennbares unmittelbar erreichbares und ständig verfügbares Verfahren zur Übermittlung von Beschwerden über rechtswidrige Inhalte zur Verfügung stellen (§ 3 Abs. 1 NetzDG). Teilweise bestehen so komplizierte Meldeverfahren, dass der gesetzliche **Löschungsanspruch** leer läuft. Meist greifen die Betreiber selbst bei offensichtlich strafbaren Inhalten im privaten Bereich nicht ein. Es bleibt dann nur eine Beschwerde wegen mangelhafter Löschung an das Bundesamt für Justiz (BfJ). Alternativ ist eine Klage gegen den Betreiber des Netzwerks auf Löschung möglich. Bis der Betroffene die Rechtsbehelfe durchsetzt, hat der Beleidiger allerdings längst wiederum neue Inhalte gepostet.

b) Wann ist man verlobt?

Beispiel: Lisa hat mit ihrem Freund Fritz Sex, nachdem ihr dieser erklärt hat, er werde sie heiraten, sie seien jetzt „heimlich" verlobt. Später wendet er ein, sie hätten zwar Zärtlichkeiten, aber keine Ringe ausgetauscht, außerdem hätten sie ihre Verlobung niemandem bekannt gegeben.

Das Verlöbnis ist das gegenseitige Versprechen von zwei Personen, künftig miteinander die Ehe einzugehen. Gleichzeitig wird so auch das dadurch begründete familienrechtliche Gemeinschaftsverhältnis, der Brautstand, bezeichnet.

Das Verlöbnis ist **an keine Form** gebunden, kann also auch in schlüssiger Weise erfolgen. Ein Ringwechsel, eine öffentliche Anzeige und die Bezeichnung als „Verlobte" im gesellschaftlichen Verkehr sind nicht wesentlich. Auch der einseitige geheime Vorbehalt, nicht heiraten zu wollen, ist unbeachtlich.

Beispiel: Die 17-jährige Nadine und ihr 20-jähriger Freund Gerd verloben sich heimlich ohne Zustimmung ihrer Eltern, die gegen diese Verbindung sind. Später löst der junge Mann die Verlobung und lehnt Schadensersatzansprüche wegen der Unwirksamkeit des „Vertrages" ab. Da „Kinderehen" verboten seien, könne auch eine Verlobung mit einer noch nicht volljährigen Person nicht wirksam sein.

Das Verlöbnis ist ein Vertrag. Es kann auch unter einer Bedingung, z. B. der Gewährung irgendeines Vorteils einschließlich der persönlichen Zuneigung, vereinbart werden. Sein Abschluss ist jedoch nur **höchstpersönlich,** nicht durch einen Stellvertreter möglich. Bei Minderjährigen sind Einsichtsfähigkeit und die Zustimmung der Eltern als gesetzliche Vertreter erforderlich. Eine Eheschließung ist dann allerdings erst nach Eintritt der Volljährigkeit möglich (§ 1303 S. 1 BGB). Ein Verlöbnis bei noch bestehender Ehe ist, auch wenn das Scheidungsverfahren läuft, sittenwidrig. Gleiches gilt, wenn ein Beteiligter noch in eingetragener Lebenspartnerschaft lebt. Eine zweite Verlobung neben einer noch bestehenden ist ebenfalls nichtig. Die Unwirksamkeit des Verlöbnisses schließt allerdings nicht aus, dem minderjährigen bzw. ungebundenen Partner die Ersatzansprüche der §§ 1298 ff. BGB zuzubilligen.

c) Wirkungen des bestehenden Verlöbnisses

Beispiel: Lisa möchte ihren Verlobten Viktor notfalls mit dem Gerichtsvollzieher zum Standesamt bringen lassen. Schließlich hätten sie mit zahlreichen Freunden ihre Verlobung gefeiert. Viktor hat jedoch die attraktive Gerda kennengelernt und möchte sich das Ganze nochmal überlegen.

Das Verlöbnis begründet zwar eine Rechtspflicht zur Eingehung der Ehe. Dennoch soll der Wille zur Eheschließung frei bleiben. Auf die Eheschließung kann deshalb nicht geklagt werden: eine Vollstreckung ist nicht möglich (§§ 1297 BGB, § 120 Abs. 3 FamFG). Auch das Versprechen einer Strafe, z. B. einer Geldzahlung für den Fall, dass die versprochene Eheschließung unterbleibt, ist nichtig.

Das Verlöbnis begründet kein gesetzliches Erb- und Pflichtteilsrecht; auch erbschaftsteuerlich werden Verlobte wie Fremde behandelt und nach der Steuerklasse III mit einem derzeitigen Freibetrag von 20.000 EUR besteuert. Während des Brautstandes bestehen gegenseitige Pflichten, insbesondere zu gegenseitiger Hilfe. Der Verlobte ist ferner „Angehöriger" im Sinne der Strafgesetze (§ 11 Abs. 1 Nr. 1 a StGB); ihm stehen im Straf- und im Zivilprozess Zeugnisverweigerungsrechte zu (§§ 52 Abs. 1 Nr. 1 StPO, 383 Abs. 1 Nr. 1 ZPO).

d) Beendigung

Beispiel: Die minderjährige Nadine hat einen neuen „Schwarm" und möchte die Verlobung mit Gerd lösen, zu der die Eltern nach anfänglicher Weigerung schließlich doch ihre Zustimmung erteilt hatten. Nunmehr stehen die Eltern auf dem Standpunkt, dass Gerd eine gute Partie sei, und sind mit der „Neuorientierung" ihrer Tochter nicht einverstanden.

Das Verlöbnis kann durch Eheschließung, einverständliche Aufhebung oder den Tod eines Partners enden. Jeder Verlobte kann ferner einseitig den Rücktritt erklären. Eines Grundes, z. B. der Untreue des Partners, bedarf es nicht. Die Erklärung muss jedoch höchstpersönlich und gegenüber dem anderen Teil erfolgen. Auch ein Minderjähriger soll nicht gegen seinen Willen gebunden bleiben und kann deshalb ohne Zustimmung seines gesetzlichen Vertreters die Verlobung „platzen" lassen.

e) Rechtsfolgen der „geplatzten" Verlobung

Beispiel: Lisa fordert nunmehr wenigstens eine „Entschädigung" von Fritz für die ihm gestatteten sexuellen Handlungen und eine Erstattung der von ihr erbrachten finanziellen Beträge für die gemeinsame Urlaubsreise. Ihre Eltern verlangen den Ersatz der Kosten, die ihnen durch die beabsichtigte Verlobungsfeier entstanden sind. Fritz wendet ein, Lisa habe bereits mit einem früheren Verlobten „geschlafen".

aa) Schadensersatzansprüche des verlassenen Partners: Der Verlobte, der ohne wichtigen Grund (z. B. Untreue, Verfehlungen des Partners, Zerwürfnisse mit den Schwiegereltern oder eigene schwere Erkrankung) vom Verlöbnis zurücktritt, ist dem Partner zum Schadensersatz verpflichtet (§§ 1297 ff. BGB, § 1 Abs. 4 LPartG). Zu ersetzen sind angemessene, aber nun überflüssige Aufwendungen; typische Beispiele sind das Hochzeitskleid, die Kosten der Verlobungsfeier und die Mitarbeit im Geschäft. Den Ersatz dieser Schäden kann nicht nur der verlassene Verlobte fordern, sondern auch seine Eltern und dritte Personen, die anstelle der Eltern gehandelt haben. Zu ihnen gehören auch Verwandte. Dem verlassenen Verlobten – aber nicht Dritten – muss auch der Schaden ersetzt werden, der dadurch entstanden ist, dass dieser sein Arbeitsverhältnis gekündigt oder sein Geschäft aufgegeben hat. Nicht zu ersetzen sind dagegen Unkosten für die gemeinsame Lebensführung schon während der Verlobungszeit (Reisen, Miete, Lebensunterhalt usw.) und die Aufwendungen für die Hochzeitsfeier bei Scheitern der Ehe nach wenigen Tagen.

Schadensersatzpflichtig macht sich auch der Verlobte, der durch sein Verschulden einen wichtigen Grund für den Rücktritt des Partners gegeben hat. Dies gilt auch für den fremdgehenden Verlobten, der nach dem Motto „Festhalten und weiter suchen“ verfährt und (zunächst) bei seiner Braut „bleiben“ möchte.

Eine Entschädigungspflicht für einen einvernehmlichen Geschlechtsverkehr sieht das Gesetz – auch für Frauen – nicht mehr vor. Ein Schmerzensgeld kann allerdings bei einer Verletzung des allgemeinen Persönlichkeitsrechts und des Rechts zur sexuellen Selbstbestimmung (§§ 823, 825, 235 BGB) gefordert werden. Beispiele sind die Bekanntgabe von Details über die frühere Liebesbeziehung, die Veröffentlichung eines für private Zwecke gemachten Nacktfotos, ein Heiratsversprechen unter Verschweigung der bestehenden Ehe und wohl auch die Vorspiegelung einer Scheidungsabsicht zur Gewährung des Geschlechtsverkehrs.

Beispiel: Franziska lernte Ludwig über eine Partnerbörse im Internet kennen. Dort gab er an, verwitwet zu sein. Tatsächlich war er jedoch seit zwei Jahren mit einer jüngeren Frau aus Lettland verheiratet, von der er getrennt lebte. Dies verschwieg Ludwig seiner Partnerin, als er sich mit ihr verlobte. Franziska gab daraufhin ihre Wohnung auf und zog zu Ludwig. Nachdem sie von Dritten von der lettischen Ehefrau erfahren hatte, verließ sie Ludwig. Sie fordert Ersatz für die Wohnungsauflösung und immateriellen Schaden wegen Verletzung ihres Persönlichkeitsrechts. Ludwig erklärt, er wolle Franziska weiterhin heiraten, sobald das von ihm eingeleitete Scheidungsverfahren beendet wäre. Er habe Franziska nur deshalb nicht über das Bestehen der Ehe aufgeklärt, weil er befürchtet habe, dass sie ihn dann sofort wieder verlassen würde.

Ein Verlöbnis mit einer **noch verheirateten Person** ist auch dann sittenwidrig und nichtig, wenn ein Partner hiervon keine Kenntnis hat. Allerdings steht demjenigen Partner, der den Mangel nicht kennt, ein Schadensersatzanspruch zu. Zu diesem Schaden gehören die Kosten der Entsorgung von Mobiliar der alten Wohnung, Reisekosten an den neuen Wohnort, Umzugskosten, die Kosten einer Wohnungssuche sowie auch ein Nachsendeauftrag. Der Umstand, dass das Zusammenleben mit einem Partner ohne Trauschein nicht mehr zu einem Ansehens- und Ehrverlust in der Öffentlichkeit führt, ändert nichts daran, dass derjenige, der auf die Wirksamkeit eines Eheversprechens vertraut, in seinen Werte- und Moralvorstellungen empfindlich getroffen sein kann, wenn ihn der Partner darüber täuscht, dass er noch verheiratet ist. Auch insofern kann ein Schadensersatzanspruch wegen Verletzung des Allgemeinen Persönlichkeitsrechts bestehen.

bb) Rückgabe von Geschenken, Briefen und Fotos:

Beispiel: Lisa möchte sämtliche Geburtstags-, Namenstags- und Weihnachtsgeschenke sowie ihre Liebesbriefe und „nicht ganz anständige" Fotos von Fritz zurück, weigert sich aber, diesem ihren Verlobungsring zurückzugeben, da er die Verlobung habe „platzen" lassen.

Kommt es nicht zur Eheschließung kann jeder Verlobte vom anderen die Herausgabe seiner Geschenke fordern (§ 1301 BGB). Dieses

Recht steht auch demjenigen zu, der selbst das Verlöbnis gelöst hat. Anders ist dies nur, wenn er seinen Partner grob getäuscht hat. Ausgeschlossen ist eine Rückforderung, wenn das Geschenk oder ein Ersatzgegenstand nicht mehr vorhanden ist, und bei Anstandsgeschenken. Unter diesen Begriff fallen gebräuchliche Gelegenheitsgeschenke, insbesondere zu Geburts- und sonstigen Festtagen. Beim Tod eines Verlobten geht das Gesetz von einem stillschweigenden Verzicht auf die Rückforderung aus (§ 1301 S. 2 BGB). Die Gerichte nehmen zunehmend an, dass auch andere Zuwendungen nach Scheitern des Verlöbnisses erstattet werden müssen. Ob bei einer Trennung auch Briefe und Fotos zurückgegeben werden müssen, ist unter Juristen umstritten, aber jedenfalls dann zu bejahen, wenn sie nur für die Dauer des Verlöbnisses gewährt wurden.

2. Risiken und Rechte beim nichtehelichen Zusammenleben

a) Neue Ehe und Witwenrente

aa) Führt eine Eheschließung zum Verlust der Witwen- bzw. Witwerrente?

Beispiel: Franziska und Martin leben schon zehn Jahre ohne Trauschein zusammen. Eigentlich wollen sie heiraten. Franziska möchte wissen, ob sie dann noch die Witwenrente nach ihrem verstorbenen ersten Ehemann bekommt.

Eine Witwen- oder Witwerrente erhalten hinterbliebene Ehegatten nur, wenn sie **nicht wieder heiraten** (§ 46 Abs. 1 S. 1 und Abs. 2 SGB VI). Bei der ersten „Wiederheirat“ werden große Witwen- oder Witwerrenten mit dem 24-fachen Monatsbetrag der Rente abgefunden (§ 107 SGB VI). Bei kleinen Witwen- oder Witwerrenten vermindert sich der 24-fache Monatsbetrag um die Anzahl der Kalendermonate, für die die Rente geleistet wurde (§ 107 Abs. 1 SGB VI). Wird die neue Ehe geschieden, lebt der Anspruch auf Witwen- oder Witwerrente gegenüber dem früheren Ehegatten wieder auf (Witwenrente oder Witwerrente nach dem vorletzten Ehegatten, § 46 Abs. 3 SGB VI). Sie wird sogar unabhängig davon gezahlt, ob im Zeitpunkt der Wiederheirat Anspruch auf eine solche Rente bestand. Allerdings wird eine bereits gezahlte Abfindung angerechnet (§ 90 Abs. 2 SGB VI).

bb) Erhält der nichteheliche Partner beim Tod seines Lebensgefährten eine Hinterbliebenenrente?

Beispiel: Franziska überlegt, nachdem Martin eine hohe Rente bezieht, ob sie nach so langer faktischer Lebensgemeinschaft beim Tod vom Martin eine Witwenrente nach ihm bekommt?

Nach dem Tod eines nichtehelichen Partners besteht für den Überlebenden **kein Anspruch** auf eine **Hinterbliebenenversorgung.** Dieser setzt nämlich eine gültige Ehe voraus. Auch die Trauung am Sterbebett, um eine Rente zu erhalten, führt zu keiner Witwen- bzw. Witwerrente. Voraussetzung für den Erhalt einer Witwen- oder Witwerrente ist nämlich, dass die Ehe mindestens ein Jahr gedauert hat. Eine Ausnahme besteht dann, wenn nach den besonderen Umständen des Falles die Annahme nicht gerechtfertigt ist, dass es der alleinige oder überwiegende Zweck der Heirat war, einen Anspruch auf Hinterbliebenenversorgung zu begründen (§ 46 Abs. 2a SGB VI).

b) Steuern beim nichtehelichen Zusammenleben

aa) Ehegattensplitting für nichteheliche Paare?

Beispiel: Franz, der mit Hinnerk seit Jahren glücklich zusammenlebt, hat gelesen, dass nach § 2 Abs. 8 EStG die Regelungen des Einkommensteuergesetzes zu Ehegatten und Ehen auch auf „Lebenspartner und Lebenspartnerschaften anzuwenden" sind. Er beantragt deshalb gemeinsam mit seinem Partner bei der Einkommensteuer die Durchführung des Ehegattensplittings.

Der in § 2 Abs. 8 EStG verwendete Begriff „Lebenspartner" betrifft nur eingetragene Lebenspartnerschaften nach dem LPartG, nicht jedoch verschieden- und gleichgeschlechtliche Partner einer nichtehelichen Lebensgemeinschaft. Die Rechtfertigung der steuergesetzlichen **Privilegierung** der Ehe und der eingetragenen Lebenspartnerschaft gegenüber anderen Lebensformen beruht darauf, dass die Ehe und die eingetragene Lebenspartnerschaft mit rechtlicher Verbindlichkeit und in besonderer Weise mit gegenseitigen Einstandspflichten ausgestattet sind. Dadurch unterscheiden sie sich von anderen weniger verbindlichen Paarbeziehungen. Dies gilt auch, wenn im Sozialhilferecht und bei Hartz-IV die Verantwortungs- und Einstehensgemeinschaft von Paaren weitgehend der Ehe gleichgestellt ist. Unterhaltsleistungen an den mittellosen Lebensgefährten, dem wegen des gemeinsamen Haushalts keine Sozialleistungen gewährt werden, sind steuerlich jedoch nach § 33 a Abs. 1 EStG absetzbar.

bb) Schenkungsteuerpflicht bei Mitfinanzierung des Immobilienerwerbs des Partners?

Beispiel: Elvira erwirbt eine Eigentumswohnung, in der sie und ihr Lebensgefährte Heinrich gemeinsam einziehen. Heinrich hat ihr zum Erwerb ein Darlehen von 100.000 EUR gewährt. Zinsen verlangt er von Elvira nicht, da bei einem derzeitigen banküblichen Zinssatz von unter 2% jährlich die anteiligen Kosten einer gleichwertigen Mietwohnung höher werden. Das Finanzamt nimmt in Höhe der Zinsen eine Schenkung von Heinrich an Elvira an. Heinrich meint, dass dies die nächsten zehn Jahre ohnehin gleichgültig wäre. Das Finanzamt sieht dies mangels eines vereinbarten Zinssatzes anders.

Gewährt ein Partner einer nichtehelichen Lebensgemeinschaft dem anderen ein zinsloses Darlehen, so stellt dies eine der Schenkungsteuer unterliegende **freigebige Zuwendung unter Lebenden** dar. Dies gilt auch dann, wenn der Partner die mit dem Darlehen angeschaffte Wohnung ohne Entrichtung eines Nutzungsentgelts mitbewohnt. Haben die Partner keinen Zinssatz vereinbart, ist grundsätzlich von einem Kapitalisierungszinssatz von 5,5% jährlich auszugehen, auch wenn der marktübliche Zinssatz sowohl für eine Kapitalanlage als auch für ein Bankdarlehen im Zeitraum der Darlehensgewährung weit darunter liegt. Damit kommt es bei einem höheren Geldbetrag relativ schnell zu einer Schenkungsteuerpflicht des Lebensgefährten. Dies lässt sich durch Vereinbarung eines marktüblichen Zinssatzes zumindest teilweise vermeiden.

c) Kinder in der Partnerschaft

aa) Wird der nichteheliche biologische Vater auch automatisch rechtlicher Vater?

Beispiel: Ella und Maximilian leben ohne Trauschein zusammen. Sie wünschen sich ein gemeinsames Kind. Als Ella schwanger ist möchte sie wissen, ob Maximilian automatisch als Vater in der Geburtsurkunde des Kindes aufgeführt wird. Außerdem hat sie Angst, dass er später vielleicht abstreitet, Vater des Kindes zu sein, und sie dann ledige Mutter ohne Vater für ihr Kind ist.

Ist der Vater eines Kindes mit dessen Mutter im Zeitpunkt der Geburt verheiratet, wird er automatisch auch rechtlicher Vater. Dies gilt selbst dann, wenn er nicht Erzeuger des Kindes ist, weil er beispielsweise in eine heterologe Insemination eingewilligt hat (§§ 1592 Nr. 1, 1600 Abs. 4 BGB). Dagegen muss ein Mann, der mit der Mutter seines Kindes nicht verheiratet ist, die **Vaterschaft** persönlich beim Jugendamt oder einem Notar **anerkennen** (§§ 1592 Nr. 2, 1594, 1596, 1597 BGB). Die Anerkennung bedarf der Zustimmung der Mutter (§ 1595 Abs. 1 BGB). Erkennt der Erzeuger eines Kindes die Vaterschaft nicht an, kann diese familiengerichtlich festgestellt werden (§ 1592 Nr. 3 BGB).

bb) Welche Risiken bestehen für die nicht verheiratete Frau bei einer heterologen Insemination?

Beispiel: Lena und Helmut wollen unbedingt ein Kind. Nachdem Helmut zeugungsunfähig ist, denken beide über eine Samenspende nach. Lena hat im Internet gelesen, dass Helmut später die Vaterschaft nicht anfechten kann, wenn er mit der künstlichen Befruchtung einverstanden war. Nachdem die medizinische Behandlung nicht gerade billig ist, informiert sie sich weiter im Internet. Sie findet diverse Portale, in denen Männer gegen eine geringe Gebühr bereit sind, Samen anonym zu spenden. Lena denkt ernsthaft über diesen „kostengünstigen" Weg nach.

Willigt ein Mann in die Zeugung eines Kindes durch künstliche Befruchtung mittels Samenspende eines Dritten ein, kann er später die

Vaterschaft nicht anfechten (§ 1600 Abs. 4 BGB). Allerdings gilt dies beim nicht verheirateten Paar erst dann, wenn die Vaterschaft durch den Partner der Frau anerkannt wurde. Dies ist nach überwiegender Auffassung erst nach Zeugung des Kindes, also nicht bereits gemeinsam mit Einwilligung in die heterologe Insemination möglich. Bis zu einer geplanten Gesetzesänderung geht die Frau somit das Risiko ein, dass der Partner später die Vaterschaft nicht anerkennt. Nachdem er auch nicht der biologische Vater ist, kann die Vaterschaft in diesem Fall nicht gerichtlich festgestellt werden. Der Mann bleibt aufgrund seiner Einwilligung zwar gegenüber dem Kind unterhaltspflichtig, die weiteren **Folgen einer Vaterschaft** treffen ihn jedoch nicht. Ob der Ausschluss des Anfechtungsrechts bei einer Vaterschaftsanerkennung auch für den Fall einer privaten sogenannten Becherspende gilt, ist umstritten. Wird die Insemination durch einen Arzt mittels eines von einer Samenbank gelieferten Spermas vorgenommen, kann später der Samenspender nicht als Vater des Kindes festgestellt werden (§ 1600d Abs. 4 BGB). Anders ist dies bei einer privaten Samenspende.

cc) Kann der biologische Vater auch rechtlicher Vater werden?

Beispiel: Siegfried und Kriemhild haben eine Ehekrise. Kriemhild zieht aus der Ehewohnung aus und zu Gunther, ihrer neuen Liebe; ihr Mann und der gemeinsame sechsjährige Sohn bleiben zurück. Nach einem Vierteljahr wird sie schwanger. Gunther begleitet sie zu den ersten Untersuchungen beim Frauenarzt sowie zur Schwangerschaftsvorbereitung. Als sie im dritten Monat ist, kehrt sie reumütig zu ihrem Mann und ihrem Sohn zurück. Gunther möchte nach der Geburt die Feststellung seiner Vaterschaft sowie zumindest ein Umgangs- und ein Auskunftsrecht gerichtlich durchsetzen. Kriemhild möchte nicht, dass Gunther sich nochmals in ihre Familie „einmischt".

Nachdem der Ehemann automatisch rechtlicher Vater des von seiner Frau geborenen Kindes wird, kann der nichteheliche Partner einer verheirateten Frau nur nach einer Anfechtung der Vaterschaft selbst die Vaterschaft anerkennen. Dies setzt voraus, dass er an Eides statt versichert, der Mutter des Kindes während der Empfängniszeit beigewohnt zu haben, wie dies das Gesetz formuliert (§ 1600 Abs. 1

Nr. 2 BGB). Allerdings hilft ihm das wenig, wenn zwischen seinem Kind und dem Ehemann der Mutter eine sozial-familiäre Beziehung besteht. Hierzu reicht es aus, dass der Ehemann der Mutter mit dieser verheiratet ist oder mit dem Kind längere Zeit in häuslicher Gemeinschaft zusammenlebt (§ 1600 Abs. 3 BGB). Allerdings kann solange die Vaterschaft des Ehemanns seiner Ex-Partnerin besteht, der leibliche Vater, der ein ernsthaftes Interesse an dem Kind gezeigt hat, ein Recht auf Umgang mit dem Kind und auf Auskunft über die persönlichen Verhältnisse des Kindes familiengerichtlich durchsetzen. In diesem Verfahren wird seine **biologische Vaterschaft** implizit festgestellt (§ 1686a BGB, § 167a FamFG).

dd) Kann der mit der Mutter des Kindes unverheiratet zusammenlebende Partner zweiter rechtlicher Elternteil des Kindes werden?

Beispiel: Lisa, die mit Christina seit Jahren in einer festen Partnerschaft ohne Trauschein zusammenlebt, hat aufgrund der Samenspende eines befreundeten homosexuellen Mannes ein Kind bekommen. Christina hat im Internet gelesen, dass sie Mit-Mutter dieses Kindes werden kann, wenn sie das Kind adoptiert. Sie möchte deshalb zum Notar gehen und einen diesbezüglichen Adoptionsantrag stellen.

Die Adoption des Kindes des Partners einer nichtehelichen Lebensgemeinschaft kann wie bei der Stiefkindadoption eines verheirateten oder in eingetragener Lebenspartnerschaft lebenden Paares entgegen der vom Bundesverfassungsgericht beanstandeten gesetzlichen Regelung zu einer gemeinsamen Elternschaft führen. Die Voraussetzungen muss der Gesetzgeber noch festlegen (§ 1754 Abs. 1 BGB, § 9 Abs. 7 S. 2 LPartG). Bei der Annahme eines volljährigen Kindes mit sogenannten schwachen Wirkungen erlöschen bereits nach der geltenden Regelung die Rechte und Pflichten des angenommenen Kindes aus dem Verwandtschaftsverhältnis mit dem leiblichen Elternteil nicht (§ 1770 Abs. 2 BGB).

ee) Können nicht verheiratete Paare ein gemeinsames Sorgerecht für ihre Kinder erlangen?

Beispiele: Fritz und Frieda leben ohne Trauschein zusammen und haben zwei gemeinsame Kinder. Als Fritz sie ins Bett bringen will, erklären sie ihm, er hätte ihnen gar nichts „anzuschaffen", da er mit der „Mama nicht verheiratet sei".
Christina, die das Kind ihrer Partnerin Lisa nicht adoptiert hat, geht davon aus, dass ihr als sozialer Mit-Mutter automatisch zumindest ein kleines Sorgerecht zustehen würde.

Die elterliche Sorge umfasst die Sorge für die Person und das Vermögen des Kindes. Sie ist zum Wohl des Kindes auszuüben; zu diesem gehört in der Regel auch der Umgang mit beiden Elternteilen. Den beiden Paaren steht das **Sorgerecht** nur dann **gemeinsam** zu, wenn sie diesbezügliche Sorgeerklärungen abgeben. Diese müssen persönlich beim Notar oder dem Jugendamt abgegeben und dort beurkundet werden. Dies ist bereits vor der Geburt des Kindes möglich, setzt jedoch durch den Vater die Anerkennung der Vaterschaft voraus. Die Sorgeerklärung darf zudem einer gerichtlichen diesbezüglichen Entscheidung nicht widersprechen. Werden keine gemeinsamen Sorgeerklärungen abgegeben, steht die elterliche Sorge allein der Mutter zu (§ 1626 Abs. 3 BGB). Der Vater kann allerdings die gemeinsame elterliche Sorge beim Familiengericht beantragen. Trägt die Mutter keine Gründe vor, die der Übertragung der gemeinsamen elterlichen Sorge entgegenstehen und sind diese auch sonst nicht ersichtlich, erhalten beide Eltern die gemeinsame elterliche Sorge (§ 1626a Abs. 1 Nr. 3, Abs. 2 BGB). Die gemeinsame Sorge kann unabhängig davon bestehen, ob ein Partner noch verheiratet ist. Auch bei einem Getrenntleben der Eltern können diese gemeinsame Sorgeerklärungen abgeben. Das sogenannte kleine Sorgerecht für Stiefkinder, das eine Befugnis zur Mitentscheidung in Angelegenheiten des täglichen Lebens des Kindes gibt, steht nur Ehegatten und eingetragenen Lebenspartnern zu (§ 1687 b BGB, § 9 Abs. 1 S. 1 LPartG). Im Rahmen des nichtehelichen Zusammenlebens kann der alleinsorgeberechtigte Elternteil lediglich seinem Partner eine diesbezügliche Vollmacht erteilen.

Ein **Umgangsrecht** mit dem Kind des Partners steht dem nichtehelichen Lebensgefährten dann zu, wenn dieser für das Kind tatsächlich Verantwortung trägt oder getragen hat, also eine sozial-familiäre Beziehung entstanden ist. Dies ist dann der Fall, wenn der Lebensgefährte mit dem Kind seines Partners längere Zeit in häuslicher Gemeinschaft zusammengelebt hat. In diesem Fall hat er ein Recht auf Umgang mit dem Kind seines Partners, wenn dies dem Wohl des Kindes dient (§ 1685 Abs. 1 und 2 BGB). Das Umgangsrecht dient nicht dazu, eine Beziehung zu dem Kind aufzubauen. Ob das Verbringen gemeinsamer Wochenende und Ferienaufenthalte ausreichend zum Aufbau einer sozial-familiären Beziehung ist, ist umstritten. Bloße sporadische Kontakte genügen jedenfalls nicht.

d) Krankheit und Verletzung

aa) Welche Leistungen erhält der Partner bei Krankheit?

Beispiel: Anja ist leider durch die Abschlussprüfung an der Universität gefallen. Ihr Partner Klaus meint, dies sei kein Problem, da sie ja den Haushalt führen könne; sobald ein gemeinsames Kind unterwegs sei, werde ohnehin geheiratet. Anja hat nach fünf Jahren überraschend einen Herzinfarkt. Klaus geht davon aus, dass Anja bei ihm mitversichert ist.

In der gesetzlichen Kranken- und Pflegeversicherung sind als **Familienangehörige** beitragsfrei nur Ehegatten, nicht aber ein nichtehelicher Partner mitversichert (§ 10 Abs. 1 S. 1 SGB V, § 25 SGB XI). Insofern besteht beim nichtehelichen Zusammenleben, wenn nicht beide Partner berufstätig sind, eine erhebliche Lücke in der sozialen Sicherung für den nicht erwerbstätigen Partner.

bb) Rechte des Lebensgefährten bei Verletzung und Geschäftsunfähigkeit des Partners

Beispiel: Berta wird auf dem Zebrastreifen von einem Autofahrer angefahren. Sie kommt schwerverletzt ins Krankenhaus. Sie hat Doris seit zehn Jahren den Haushalt geführt. Doris muss sich wegen des Ausfalls von Berta eine Haushälterin nehmen und diese bezahlen. Nachdem Berta in ein Wachkoma versetzt werden muss, wird für sie ein Betreuer bestellt. Doris meint, als langjährige Lebensgefährtin müsse sie vorrangig berücksichtigt werden.

Bei der Verletzung von Körper und Gesundheit eines anderen Menschen ist als Ausgleich für die dadurch eintretenden dauernden Nachteile, nämlich der Aufhebung oder Minderung der Erwerbstätigkeit oder die entstehenden Bedürfnisse, eine Geldrente zu entrichten (§ 843 Abs. 1 BGB). Auch ein Ausfall der Haushaltstätigkeit (sog. **Haushaltsführungsschaden**) ist zu ersetzen. Erwerbstätigkeit ist nämlich auch die Arbeitsleistung im Haushalt. Allerdings gilt dies nur dann, wenn sie in Erfüllung einer gesetzlichen Unterhaltspflicht dient. Dies ist bei Ehegatten unproblematisch der Fall. Dies gilt jedoch für Partner einer nichtehelichen Lebensgemeinschaft nach der überwiegenden Ansicht der Gerichte nicht.

Kann ein Volljähriger aufgrund einer Krankheit seine Angelegenheiten ganz oder teilweise nicht besorgen, so bestellt das Betreuungsgericht auf seinen Antrag oder von Amts wegen für ihn einen Betreuer (§ 1896 Abs. 1 S. 1 BGB). Auch der Lebensgefährte kann eine **Betreuerbestellung** für seinen Partner anregen. Bei der Auswahl des Betreuers ist auf die verwandtschaftlichen und sonstigen persönlichen Bindungen des Betroffenen Rücksicht zu nehmen (§ 1897 Abs. 5 BGB). Ausdrücklich genannt wird der Ehegatte. Aber auch der Lebensgefährte ist bei der Bestellung zu berücksichtigen. Dies ist allerdings nicht immer leicht nachweisbar. Lebensgefährten können allerdings durch schriftliche (nicht notwendig handschriftliche) Betreuungsverfügung den Partner als Betreuer für den Fall der Notwendigkeit einer Betreuung vorschlagen. Hieran ist das Betreuungsgericht gebunden, sofern der Vorschlag dem Wohl des Betroffenen nicht zuwider läuft (§ 1897 Abs. 4 BGB).

cc) Kann der Betreuer eines dementen Partners den langjährigen Lebensgefährten aus der Wohnung werfen?

Beispiel: Frieda hat lange Zeit mit Erwin in dem in ihrem Eigentum stehenden Haus zusammengelebt. Als Frieda dement wird und aus medizinischen Gründen in ein Pflegeheim muss, fordert der gerichtlich bestellte Betreuer Erwin zum Verlassen des Hauses auf. Erwin verweist auf ein notarielles Testament, in dem Frieda ihm ausdrücklich nach ihrem Tod vermächtnisweise ein Wohnungsrecht auf Lebenszeit in diesem Anwesen zugewandt hat.

Der Betreuer eines nicht mehr geschäftsfähigen Partners einer Lebensgemeinschaft kann, wenn dies zu seinem Aufgabenkreis gehört, dem Lebensgefährten den **Besitz** an der bis zum Pflegeheimaufenthalt gemeinsam genutzten Wohnung **entziehen.** Dabei hat er allein auf das Wohl des unter Betreuung stehenden Partners zu achten. Die vermächtnisweise Zuwendung eines Wohnungsrechtes in einem Testament steht dem nach Ansicht des Bundesgerichtshofs nicht entgegen.

e) Tod des Partners

aa) Geht der Mietvertrag auf den überlebenden Partner über?

Beispiel: Gerda und Frieda leben seit Jahren in einer Mietwohnung zusammen. Mieterin ist allein Frieda. Gerda überlegt, ob sie beim Tod von Frieda das Mietverhältnis fortsetzen kann, nachdem es in der Großstadt sehr schwer ist, eine Wohnung zu bekommen. Frieda meint, dies wäre nur dann der Fall, wenn sie gemeinsam Mieter wären.

Sind mehrere Personen gemeinsam Mieter einer Wohnung, so wird das Mietverhältnis beim Tod eines Mieters mit dem Überlebenden fortgesetzt (§ 563 a Abs. 1 BGB). Dies ist gesetzlich zwingend und kann vom Vermieter nicht ausgeschlossen werden. Ist nur ein Partner Mieter und verstirbt dieser, tritt der andere, der mit ihm in der Wohnung einen auf Dauer angelegten gemeinsamen Haushalt geführt hat, in das Mietverhältnis ein, sofern nicht das Mietverhältnis auf einen Ehegatten oder Lebenspartner, der ebenfalls im gemeinsamen Haushalt gelebt hat, übergeht. Der Lebensgefährte tritt, sofern andere Familienangehörige auch im Haushalt gelebt haben, gemeinsam mit diesen in das Mietverhältnis ein. Das **Eintrittsrecht des Lebensgefährten** besteht nur bei einer besonders engen Lebensgemeinschaft mit dem Mieter, also nicht bei einer bloßen Haushalts- oder Wohngemeinschaft. Allerdings kommt es auf sexuelle Beziehungen nicht an, so dass auch das dauernde Zusammenleben älterer Menschen darunter fällt. Allerdings kann der Vermieter bei einer Zahlungsunfähigkeit des Überlebenden hinsichtlich einer hohen Miete, die sich nur beide Partner leisten konnten, das Mietverhältnis innerhalb eines Monats nach Kenntniserlangung von dessen Eintritt in das Mietverhältnis außerordentlich kündigen.

bb) Steht dem überlebenden Lebensgefährten bei Tötung seines Partners ein Schadensersatzanspruch zu?

Beispiel: Maria wird von einem betrunkenen Autofahrer, der die Kontrolle über sein Fahrzeug verliert und auf den Bürgersteig gerät, überfahren. Sie stirbt an den Folgen des Unfalls noch in der Klinik. Ihre langjährige Lebensgefährtin Tina möchte zum einen Schadensersatz, da ihr Maria den Haushalt geführt hat. Außerdem möchte sie ein angemessenes Schmerzensgeld für das Leid, das ihr der Autofahrer durch den Tod ihrer Partnerin zugefügt hat.

Auch bei Tötung eines Lebensgefährten, der den Haushalt geführt hat, besteht keine Verpflichtung des Schädigers zum Ersatz des Unterhaltsschadens. Dies ist nur dann der Fall, wenn eine gesetzliche Unterhaltspflicht besteht. Eine im Lebenspartnerschaftsvertrag vereinbarte Unterhaltspflicht genügt dagegen nicht. Allerdings erhält der überlebende Partner bei einer nichtehelichen Gemeinschaft von längerer Dauer, eine **angemessene Entschädigung** (§ 844 Abs. 3 BGB). Es handelt sich dabei um keinen Schadensersatz und kein Schmerzensgeld. Für die Höhe kommt es nicht auf weggefallene Leistungen bei dem hinterbliebenen Lebensgefährten, sondern auf Art und Maß des durch den Tod zugefügten seelischen Leids an. Dies hängt wiederum von der Intensität der Beziehung und dem Umständen des Todes, soweit sich diese auf den Hinterbliebenen auswirken, ab. Der Gesetzgeber geht von einem Hinterbliebenengeld von ca. 10.000 EUR im Durchschnitt aus. Anders als bei Ehegatten, muss allerdings das besondere persönliche Näheverhältnis zum Überlebenden dargelegt und bewiesen werden.

Darüber hinaus können durch den Unfalltod eines Partners ausgelöste, traumatisch bedingte psychische Störungen eine Gesundheitsverletzung darstellen. Dies ist jedenfalls dann der Fall, wenn die Beeinträchtigungen auf die direkte Beteiligung des schockgeschädigten Partners an dem Unfall oder dem Miterleben des Unfalls zurückzuführen sind. Seelische Erschütterungen wie Trauer und seelischer Schmerz, denen der Partner beim Unfalltod seines Lebensgefährten erfahrungsgemäß ausgesetzt ist, begründen demgegenüber nicht ohne weiteres einen Anspruch auf **Zahlung eines Schmerzensgeldes.** Dies ist vielmehr nur dann der Fall, wenn die psychischen Beeinträchtigungen pathologisch fassbar sind und über das hinausgehen, was bei den Hinterbliebenen infolge der Benachrichtigung vom tödlichen Unfall eines Angehörigen erfahrungsgemäß eintritt.

cc) Wer trifft die Entscheidung über die Einzelheiten der Beerdigung des Partners?

Beispiel: Tina wurde von der Gemeinde angeschrieben, dass sie sich um die Beerdigung ihrer langjährigen Partnerin kümmern solle. Sie weiß, dass Maria verbrannt werden wollte; ihre Urne sollte in einem anonymen Urnenfeld in aller Stille vergraben werden. Die Eltern von Maria sind dagegen; sie wünschen eine Erdbestattung mit Pfarrer und Trauerredner im Familiengrab. Wessen Wille setzt sich durch?

Grundsätzlich entscheidet der Wille des Verstorbenen über die Art der Bestattung und den Ort der letzten Ruhestätte. Er kann damit auch eine bestimmte Person beauftragen. Hat er das nicht gemacht, sind gewohnheitsrechtlich die nächsten **Angehörigen totenfürsorgeberechtigt.** Die Landesbestattungsgesetze erklären diese in unterschiedlicher Reihenfolge regelmäßig auch für bestattungspflichtig. Der nichteheliche Lebensgefährte ist nur vereinzelt in den Bestattungsgesetzen aufgeführt. Beim langjährigen Zusammenleben kann allerdings eine Vermutung dafür sprechen, dass er die diesbezügliche Befugnis haben sollte. Wollen Lebensgefährten spätere Streitigkeiten vermeiden, können sie schriftlich den Partner zur totenfürsorgeberechtigte Person bestimmen. Da es sich um kein Testament handelt, muss die entsprechende Verfügung nicht handschriftlich geschrieben werden.

dd) Nach wieviel Jahren des Zusammenlebens erbt der Partner und wann besteht für ihn Erbschaftsteuerfreiheit?

Beispiel: Susanne hat mit Ludwig 20 Jahre ohne Trauschein zusammengelebt. Sie haben zwei gemeinsame Kinder. Ludwig stirbt überraschend. Ein Testament hat er nicht hinterlassen. Susanne meint, dass das im Alleineigentum von Ludwig stehende Haus nunmehr ihr gehört, da es das gemeinsame Familienheim wäre. Außerdem hat sie gehört, dass das Familienheim der überlebende Partner steuerfrei erbt. Ihre Freundin erklärt ihr jedoch, dass sie ihre Kinder am Tag nach dem Tod des Vaters aus dem Haus werfen könnten. Auch die Haushaltsgegenstände dürfe sie nur benutzen, wenn ihr das die Kinder als Erben erlaubten.

Der nichteheliche Partner wird, anders als ein Ehegatte, **nicht gesetzlicher Erbe,** sofern er nicht zufällig mit dem verstorbenen Partner verwandt ist und deswegen erbt. Auch der sogenannte Voraus des Ehegatten, nämlich die zum gemeinschaftlichen Haushalt gehörenden Gegenstände, erbt er nach überwiegender Ansicht nicht. Er darf lediglich als Familienangehöriger des Erblassers die Wohnung und die Haushaltsgegenstände in den ersten 30 Tagen nach dem Eintritt des Erbfalls benutzen. Hat ihm der verstorbene Partner Unterhalt gewährt, trifft diese Verpflichtung in diesem Zeitraum auch den Erben (§ 1969 Abs. 1 S. 1 BGB).

Deshalb ist nichtehelichen Paaren dringend zu empfehlen, den Partner durch ein Testament oder einen notariellen Erbvertrag abzusichern. Allerdings wird dieses Ziel in nicht seltenen Fällen nur teilweise erreicht. Sind pflichtteilsberechtigte Angehörige, z. B. Kinder aus einer früheren Beziehung, ein Noch-Ehegatte oder Eltern, vorhanden, erhalten diese auf Verlangen den **Pflichtteil** in Höhe von 50% des Nachlasses. Außerdem fällt der nichteheliche Lebensgefährte bei der **Erbschaftsteuer** in die Steuerklasse III (§§ 15 Abs. 1, 16 Abs. 1 Nr. 7, 19 Abs. 1 ErbStG), in der nur ein Freibetrag von 20.000 EUR besteht und der Steuersatz im Normalfall 30% beträgt. Beim Vorhandensein von pflichtteilsberechtigten Angehörigen verbleiben deshalb dem zum Alleinerben eingesetzten nichtehelichen Partner nur ca. 40% des Nachlasses. Steuerfrei bleibt der Hausrat im Wert bis zu 12.000 EUR sowie der vorstehend genannte sogenannte Dreißigste (§ 13 Abs. 1 S. 1 Nr. 1 c und 4 ErbStG). Dagegen bleibt das Familienheim nur bei Ehegatten, nicht aber bei nichtehelichen Partnern, steuerfrei (§ 13 Abs. 1 S. 1 Nr. 4 b ErbStG).

ee) Werden ein Testament zugunsten des Lebensgefährten und eine diesbezügliche Bezugsberechtigung einer Lebensversicherung automatisch nach einer Trennung unwirksam?

Beispiel: Franz hat seinen langjährigen Partner Hinnerk in einem Testament zum Alleinerben eingesetzt. Gleichzeitig hat er Hinnerk als bezugsberechtigte Person seiner Lebensversicherung benannt. Als Franz zehn Jahre nach der Trennung verstirbt, möchte das Nachlassgericht Hinnerk keinen Erbschein als Alleinerben erteilen. Die Lebensversicherung hat ihm die Versicherungssumme überwiesen. Der neue Partner von Franz, Gustav, geht davon aus, dass sowohl das Testament als auch die Bezugsberechtigung mit der Trennung unwirksam geworden sind.

Letztwillige Verfügungen zugunsten eines Ehegatten werden **im Zweifel** mit der Scheidung der Ehe **unwirksam** (§§ 2279, 2207 BGB). Dies gilt nach der Rechtsprechung jedoch nicht für den nichtehelichen Partner. Diese Vorschriften sind auf sie nicht entsprechend anwendbar. Dies soll sogar dann gelten, wenn die Partner später geheiratet und sich wieder haben scheiden lassen. Auch die Bezugsberechtigung hinsichtlich einer Lebensversicherung erlischt nicht automatisch mit der Trennung der nichtehelichen Partner. Allerdings kann diese ausnahmsweise zum Wegfall der Geschäftsgrundlage für die Zuwendung der Bezugsberechtigung führen, so dass der Erbe die Versicherungssumme nicht behalten darf.

ff) Ersatzerbeneinsetzung der Kinder des Partners?

Beispiel: Otto hat seine langjährige Lebensgefährtin Claudia in einem Testament zur Alleinerbin eingesetzt. Claudia stirbt jedoch, obwohl sie zehn Jahre jünger ist, vor Otto. Dieser ändert sein Testament nicht. Als er stirbt streiten die Kinder der verstorbenen Claudia, die von Otto großgezogen wurden, und die Geschwister von Otto um das Erbe.

Hat ein Partner in einem Testament einen langjährigen Lebensgefährten bedacht, aber keinen Ersatzerben bestimmt, stellt sich die Frage, ob die Auslegungsregelung des § 2079 BGB, wonach bei Wegfall eines bedachten Abkömmlings im Zweifel anzunehmen ist, dass ersatzweise der betreffende Stamm berufen ist, analog auch auf andere besonders nahe stehende Personen anzuwenden ist, oder ob die gesetzliche Erbfolge eintritt. Dies muss im Einzelfall beurteilt werden, wobei die Lebenserfahrung in dem Fall des vorzeitigen Wegfalls des eingesetzten Partners als Erben jedenfalls die Prüfung nahe legt, ob der Erblasser im Zeitpunkt der Errichtung des Testaments eine Ersatzerbenberufung der Abkömmlinge des Partners gewollt hat oder zumindest gewollt hätte.

f) Probleme bei Trennung der Partnerschaft

aa) Kann nach einer Trennung die Herausgabe intimer Unterlagen verlangt werden?

Beispiel: Brigitte und Heinz hatten eine wunderschöne erotische Beziehung. Aber Sex auf Dauer allein reicht nicht, deshalb trennen sie sich nach drei Jahren. Heinz hat von Brigitte zahlreiche sehr intime Fotos gemacht; sie hat ihm auch auf WhatsApp Nachrichten geschickt, die teilweise intime Details aus ihrer Beziehung zu Heinz betreffen. Nach der Trennung ist ihr unangenehm, dass Heinz weiterhin über diese Bilder und Inhalte verfügt. Sie fordert deshalb die Löschung dieser Unterlagen. Heinz möchte sie (verständlicherweise) behalten und fordert von Brigitte zumindest eine „Treue zur Vergangenheit".

Rechtstreitigkeiten im persönlichen Bereich nach Trennung einer Partnerschaft scheinen in den letzten Jahren zuzunehmen. Dabei spielen auch die modernen Möglichkeiten der Verbreitung von persönlichen Fotos und die Speicherung von Aussagen mit nicht immer jugendfreiem Inhalt eine Rolle. Die Gerichte gehen davon aus, dass die **Einwilligung** in die Anfertigung intimer Fotos stillschweigend nur **auf die Dauer des Bestehens der Beziehung** gegeben werde. Deshalb besteht nach einer Trennung ein Anspruch auf Löschung dieser Aufnahmen, auch wenn sie der Partner zur Erinnerung sehr gerne behalten möchte. Schwieriger wird es bei diesbezüglichen Mitteilungen an den Partner, die im Zusammenhang mit anderen Äußerungen gemacht werden. Insofern wird ein Löschungsanspruch verneint. Dem Expartner ist es allerdings untersagt, derartige Äußerungen und eventuell bei ihm noch vorhandene Bilder zu veröffentlichen. Die Verbreitung, insbesondere in den sozialen Medien kann untersagt werden. Zudem kann deswegen ein Anspruch auf Schmerzensgeld sowie die Zahlung einer Geldentschädigung wegen einer Gesundheitsbeeinträchtigung und der Verletzung des Rechts am eigenen Bild bestehen. Dies gilt auch dann, wenn die Betroffene als Fotomodell früher Nacktaufnahmen für ein Herrenmagazin hat anfertigen lassen. Fotos des Partners aus dem Alltagsleben (z. B. Urlaubsfotos) unterliegen hingegen keinem Löschungsanspruch.

bb) Kann ein Partner verlangen, dass er nach einer Trennung weiterhin Umgang mit dem in der Wohnung verbliebenen gemeinsamen Hund hat?

Beispiel: Häufiger Streitpunkt nach einer Trennung sind gemeinsame Haustiere. Insbesondere spielt dabei die Frage eine Rolle, ob der ausziehende Partner den gemeinsamen Hund ab und zu sehen und Gassi führen darf.

Das **Umgangsrecht mit Haustieren,** das für die Beteiligten häufig eine große Rolle spielt, wird von den Gerichten unterschiedlich beurteilt. Teilweise nehmen die Gerichte ein Miteigentum an dem Haustier an, so dass eine dem Interesse beider früheren Partner entsprechende „Benutzung" des Haustiers nach billigem Ermessen verlangt werden kann. Hierzu sind auch Umgangsregelungen mit konkreten Zeiten gerichtlich entschieden worden. Allerdings sind die diesbezüglichen Rechtsfragen streitig.

cc) Welche Ansprüche bestehen bei der Mitfinanzierung einer Immobilie des Partners?

Beispiel: Erwin lernt Dieter kennen, der gerade mitten im Hausbau steckt. Für beide ist es Liebe auf den ersten Blick. Erwin hilft beim Hausbau mit und zahlt zahlreiche Handwerkerrechnungen, da er für sein Geld auf der Bank ohnehin keine Zinsen bekommt. Nach Fertigstellung ziehen beide ein und leben glücklich zusammen, bis Dieter Hinnerk kennenlernt, der seine neue noch größere Liebe wird. Erwin zieht aus und möchte sein Geld zurück und seine Arbeitsleistungen erstattet haben. Dieter meint, geschenkt sei geschenkt und außerdem habe er das Geld längst mitabgewohnt. Wenn er oder Erwin verstorben wären, wäre auch keine Erstattung geschuldet gewesen.

Bei Zuwendungen an den Partner im Rahmen einer nichtehelichen Lebensgemeinschaft handelt es sich in der Regel um keine Schenkungen, sondern um Zuwendungen, die ihren Grund in der Lebensgemeinschaft haben. Im Einzelfall kann es sich allerdings um ein Darlehen handeln, wenn dies so vereinbart ist, wofür der Darlehensgeber beweispflichtig ist. Für lebensgemeinschaftsbedingte Zuwendungen gelten folgende **Grundsätze** der Rechtsprechung.

- Ausgleichsansprüche scheiden hinsichtlich derjenigen Leistungen aus, die das Zusammenleben erst ermöglichen und somit auf das gerichtet sind, was die Gemeinschaft „**Tag für Tag**" benötigt. Insofern wird davon ausgegangen, dass jeder Partner entsprechend seinem Leistungsvermögen zum Einkauf und zur Befriedigung der sonstigen Bedürfnisse, wie z. B. Urlaubsreisen oder Freizeitgestaltung, beiträgt. Unerheblich ist, ob es sich um wiederkehrende Zahlungen oder Einmalleistungen handelt. Nicht entscheidend ist auch, ob die Zahlung während der Lebensgemeinschaft oder erst, z. B. bei Rückständen, nach Beendigung der Lebensgemeinschaft erfolgt.
- Hinsichtlich weiterer Beiträge eines Partners, die zur Anschaffung oder dem Erhalt eines **Vermögenswertes von erheblicher wirtschaftlicher Bedeutung** dienen, können Ausgleichsansprüche bei Beendigung der Lebensgemeinschaft bestehen. Beispiele für die Vermögensbildung sind der Immobilienerwerb, der Bau eines Hauses und der Aufbau bzw. die Führung eines Unternehmens. Für die Frage der Wesentlichkeit kommt es auf die Vermögensverhältnisse der betreffenden Lebensgemeinschaft im Einzelfall an. Können wesentliche Beiträge eines Partners einer nichtehelichen Lebensgemeinschaft im Rahmen der Vermögensbildung nicht festgestellt werden, kommen im Falle einer Trennung keine Ausgleichsansprüche in Betracht. Die Leistungen müssen deutlich über das hinausgehen, was zum Zusammenleben erforderlich war. Diese Grundsätze gelten nicht nur für eheähnliche Lebensgemeinschaften, sondern auch für andere Lebensgemeinschaften. Insbesondere kommt es auf das Vorliegen sexueller Beziehungen der Beteiligten nicht an. Die Beteiligten werden sich in guten Tagen regelmäßig keine Gedanken über

den späteren Ausgleich machen. Es ist dann nicht leicht zu entscheiden, ob nach einer Trennung ein Ausgleich erfolgen soll. Die Rechtsprechung wendet dafür folgende Grundsätze an:

- Treffen die nichtehelichen Partner **Vereinbarungen,** z. B. in einem Partnerschaftsvertrag, gehen die diesbezüglichen Ausgleichsregelungen den Rechtsprechungsgrundsätzen vor. Bestehen keine derartigen Vereinbarungen, hat der Ausgleich entsprechend den Grundsätzen bei Bestehen einer Gütertrennung zu erfolgen.
- Ein **Ausgleich nach gesellschaftsrechtlichen Grundsätzen** kommt nur dann in Betracht, wenn ein ausdrücklicher oder konkludent geschlossener Gesellschaftsvertrag vorliegt. Das gemeinsame Wohnen und Wirtschaften allein führt regelmäßig noch nicht zum Abschluss eines Gesellschaftsvertrages. Ein zulässiger Gesellschaftszweck kann der Aufbau und die Führung eines gemeinsamen Unternehmens sein, aber auch eine gezielte Vermögensbildung, z. B. durch Anschaffung von Objekten zur Altersvorsorge, Beteiligung an Immobilienfonds etc. Wird die Mitarbeit des Partners im Geschäft des anderen durch einen Arbeitsvertrag geregelt, scheidet regelmäßig das Vorliegen einer (konkludenten) Innengesellschaft aus. Der gemeinsame Hausbau und die Anschaffung einer Immobilie zur gemeinsamen Nutzung fallen wohl nicht unter den gesellschaftsrechtlichen Ausgleich.
- Bei der Zuwendung von Vermögensgegenständen, aber auch bei Arbeitsleistungen, kommt der Wegfall der **Geschäftsgrundlage eines familienrechtlichen Vertrages** in Betracht. Dies ist der Fall, wenn die Beibehaltung der durch die Zuwendung geschaffenen Vermögensverhältnisse bei einer späteren Trennung nach Treu und Glauben unzumutbar erscheint. Dabei muss stets berücksichtigt werden, dass es der zuwendende Partner zunächst für richtig gehalten hat, die Zuwendung zu machen. Gleiches gilt für eine Nutzungsentschädigung bei Auszug eines Partners aus der im Miteigentum stehenden Immobilie. Im Rahmen der Anpassung sind die Gesamtumstände zu berücksichtigen, nämlich die Dauer der Lebensgemein-

schaft, das Alter der Parteien, Art und Umfang der erbrachten Leistungen, die Höhe der dadurch bedingten und noch vorhandenen Vermögensmehrung sowie die Einkommens- und Vermögensverhältnisse. Bedeutung haben auch der Zeitraum der gemeinsamen Nutzung und der weiteren Nutzung nach einer Trennung. In Betracht kommt dies meist bei der Mitarbeit am Hausbau sowie der Anschaffung einer Immobilie. Erbringt der Partner, der nicht Eigentümer der Immobilie ist, Zahlungen auf Darlehensraten, kommt ein Ausgleich grundsätzlich insoweit nicht in Betracht, als die Leistungen nicht deutlich über die Miete hinausgehen, die für vergleichbaren Wohnraum aufzuwenden wäre.

– Die Rückgewähr einer Zuwendung aufgrund eines **Bereicherungsanspruchs wegen enttäuschter Verhaltenserwartungen** setzt voraus, dass der Zuwendende mit seiner Leistung einen Zweck verfolgt hat, der über die bloße Erfüllung einer Verbindlichkeit hinausgeht. Voraussetzung ist eine gemeinsame Zweckvereinbarung, für die es allerdings ausreicht, wenn der Empfänger die Zweckverfolgung des Leistenden erkennt und dieser nicht widerspricht. Bedeutung hat dies bei Geldzuwendungen zur Anschaffung einer gemeinsam benutzten Immobilie, aber auch bei Investitionen in eine mitgenutzte Immobilie in der Erwartung, diese später übertragen zu erhalten.

■ Besonderheiten gelten bei der Beendigung der Lebensgemeinschaft durch den **Tod eines Partners.** Verstirbt derjenige Partner, der die Zuwendung gemacht oder Arbeitsleistungen erbracht hat, wird im Zweifel ein Rückforderungsanspruch seiner Erben nicht gewollt sein. Anders kann dies beim Tod des Zuwendungsempfängers sein, wenn dadurch die langfristige gemeinsame Nutzung, die bei der Zuwendung beabsichtigt war, nicht mehr gewährleistet ist.

Die **Darlegungs- und Beweislast** für das Bestehen eines Ausgleichsanspruchs trägt grundsätzlich derjenige, der diesen geltend macht. Die Ansprüche sind vererblich. Die Verjährung eines derartigen Anspruchs wird nicht dadurch gehemmt, dass Parteien einer nichtehelichen Lebensgemeinschaft zusammenleben. Die insoweit für Ehegatten geltende Vorschrift (§ 207 Abs. 1 BGB) ist auf nichteheliche Lebensgemeinschaft nicht analog anwendbar.

Steht ein Kontoguthaben beiden Partnern zu, sind die Grundsätze über die der Auseinandersetzung einer Bruchteilsgemeinschaft anzuwenden.

g) Voreheliches Zusammenleben und spätere Scheidung

aa) Auswirkungen des vorehelichen Zusammenlebens auf den nachehelichen Unterhalt und den Versorgungsausgleich?

Beispiel: Gerd und Lisa leben schon seit über zehn Jahren zusammen und haben zwei gemeinschaftliche Kinder. Wegen der Erziehung der Kinder und der Haushaltsführung hat Lisa ihre Berufstätigkeit bis auf einen 450-Euro-Job aufgegeben. Als es in der Beziehung kriselt, heiraten beide. Allerdings hilft die „Flucht nach vorne" nicht. Drei Jahre später kommt es doch zur Scheidung. Lisa meint, Gerd müsse für sie nachehelichen Unterhalt bezahlen, da sie nach der langen Zeit der Familienarbeit nur schwer wieder in ihren Job zurückkommt. Außerdem geht sie davon aus, dass der Versorgungsausgleich für die ganze Zeit der Kindererziehung durchzuführen wäre.

Die Rechtsprechung unterscheidet bei den **Scheidungsfolgen** genau zwischen dem vorehelichen Zusammenleben und der Ehezeit. Das Zusammenleben in nichtehelicher Lebensgemeinschaft vor der Eheschließung begründet danach keine rechtlich gesicherte Position. Insbesondere ist ein über die Kinderbetreuung hinausgehender Unterhalt selbst dann nicht geschuldet, wenn dem Elternteil durch die Betreuung der Kinder bleibende Nachteile entstanden sind. Eine spätere Eheschließung wirkt nicht auf die Zeit des vorherigen Zusammenlebens und der Betreuung gemeinschaftlicher Kinder zurück. Ein ehebedingter Nachteil kann sich lediglich aus der Fortsetzung der Kinderbetreuung nach der Eheschließung ergeben, soweit ein Ehegatte mit Rücksicht auf die Ehe und die übernommene oder fortgeführte Rollenverteilung auf eine Erwerbstätigkeit verzichtet. Die Zeit der vorehelichen Kinderbetreuung und -erziehung kann auch nicht der Ehedauer hinzugerechnet werden. Hinsichtlich des Versorgungsausgleichs definiert das Gesetz die

Ehezeit. Sie beginnt mit dem ersten Tag des Monats, in dem die Ehe geschlossen worden ist; sie endet am letzten Tag des Monats vor Zustellung des Scheidungsantrags (§ 3 Abs. 1 VersAusglG). Nur für diesen Zeitraum findet ein Ausgleich statt. Das voreheliche Zusammenleben ist unerheblich. Die Ehegatten können mittels einer Vereinbarung keine andere Ehezeit zugrunde legen.

bb) Was gilt hinsichtlich einer vorehelichen gemeinsamen Vermögensbildung bei einer späteren Scheidung?

Beispiele: Eigentlich wollten Moritz und Frieda heiraten, wenn der Rohbau ihres Hauses fertig ist. Doch dann verschiebt sich alles wegen einer Erkrankung des Patenonkels Fritz von Frieda. Das Paar ist bereits in das im Alleineigentum von Moritz stehende, von Frieda aber mitfinanzierte Haus eingezogen, als der Gang zum Standesamt erfolgt. Im späteren Scheidungsverfahren erfährt Moritz, dass es sich deshalb bei dem Haus um sein Anfangsvermögen gehandelt hat. Er ist Onkel Fritz dankbar.

Der Zugewinnausgleich bei einer Scheidung berücksichtigt nur den Zeitraum des „legalen" Zusammenlebens. Allerdings hat der Bundesgerichtshof bei umfangreichen Aufwendungen in der Verlobungszeit geholfen: Wenn die später geschlossene Ehe scheitert, soll dem Leistenden ein **Ausgleichsanspruch** bezüglich seiner Investitionen und Mitarbeit zustehen. Beim nichtehelichen Zusammenleben werden die Zeiträume der „wilden" Ehe sowie der Ehezeit getrennt beurteilt, auch wenn die Beteiligten ihre Lebensgemeinschaft wirtschaftlich als Einheit ansehen. Besteht ausnahmsweise bei Beendigung des nichtehelichen Zusammenlebens ein Ausgleichsanspruch, kann dieser bei einer späteren Scheidung neben eventuellen Ansprüchen auf Zugewinnausgleich existieren. Es kann sich in diesem Fall auch um eine Familiensache handeln, wenn der Ausgleichsanspruch im Zusammenhang mit der Trennung und Scheidung entstanden sein soll (§ 266 Abs. 1 Nr. 3 FamFG). Vertragliche Vereinbarungen sind bei einer vorehelichen Vermögensbildung zur Vermeidung späterer Streitigkeiten dringend zu empfehlen.

III. Die Eheschließung

Beispiele: Die 18-jährige Frieda und der 20-jährige Moritz wollen möglichst schnell heiraten. Die kirchliche Trauung soll am Samstag, die standesamtliche am folgenden Montag sein. Moritz Eltern sind gegen die Eheschließung der beiden „Kinder" und drohen, ihnen jede finanzielle Unterstützung zu streichen.
Die ebenfalls 17-jährige Lisa möchte ihre 18-jährige Freundin Hella heiraten. Die Eltern stimmen zu, nicht aber der zuständige Beamte.

1. Persönliche Voraussetzungen, Eheverbote

a) Die Erklärungen der Ehegatten

Die Ehe kommt zustande, indem zwei Personen vor dem Standesbeamten persönlich und bei gleichzeitiger Anwesenheit erklären, miteinander die Ehe eingehen zu wollen (§§ 1310 Abs. 1, 1311 BGB). Die bis 1. Oktober 2017 mögliche eingetragene Lebenspartnerschaft stand nur gleichgeschlechtlichen Paaren offen. Die Partner mussten aber nicht homosexuell sein. Die eingetragene Lebenspartnerschaft war und ist keine „Ehe light" für Männer und Frauen, denen die Ehe zu „ernst" ist. Die Eheschließung durch Stellvertreter oder Boten (sog. Handschuhehe) ist nicht möglich. Eine Bedingung oder Zeitbestimmung ist unzulässig. Eine Ferntrauung ist ebenfalls nicht möglich. Unbeachtlich sind geheime Vorbehalte und sogar vorherige Vereinbarungen unter den Parteien, die Ehe nur zum Schein einzugehen, z. B. um einem Ausländer eine Aufenthaltserlaubnis zu verschaffen. Allerdings hat der zuständige Beamte bei Offenkundigkeit einer sogenannten Asylanten-Ehe seine Mitwirkung zu versagen.

b) Die Ehefähigkeit, Volljährigkeit

Voraussetzung für eine Eheschließung ist die Ehefähigkeit, zu der die Ehemündigkeit (§ 1303 BGB) und die Geschäftsfähigkeit (§ 1304 BGB) gehören: Die Ehemündigkeit tritt für Männer und Frauen und Personen, die keinem Geschlecht zuzuordnen sind, einheitlich mit Volljährigkeit, also mit der Vollendung des 18. Lebensjahres (§ 2 BGB) ein. Eine Befreiung durch das Familiengericht ist auch dann nicht mehr möglich, wenn der Antragsteller das 16. Lebensjahr vollendet hat und der künftige Ehegatte mindestens 18 Jahre alt ist. Dies hat der Gesetzgeber (§ 1303 S. 2 BGB) zur Ächtung der Kinderehen ausdrücklich klargestellt. Eine Ehe, die entgegen dieser Bestimmung mit einem Ehegatten eingegangen wird, der das 16. Lebensjahr noch nicht vollendet hat, ist unwirksam (Nichtehe). Sofern der noch nicht volljährige Ehegatte das 16. Lebensjahr bei Eheschließung bereits vollendet hatte, ist die Ehe gerichtlich aufhebbar.

c) Die Eheverbote

Beispiele: Fritzchen ist von Omas Apfelkuchen begeistert und möchte wissen, ob er sie später einmal heiraten kann. Seine Schwester möchte dagegen ins Wasser gehen, wenn sie nicht die Frau ihres Cousins werden kann, in den sie unsterblich verliebt ist. Anton hat schließlich seinem Bruder Bernd am Sterbebett versprochen, dessen Witwe zu ehelichen und mit ihr Kinder zu haben.
Lisa möchte Hella heiraten. Und der bisexuelle Klaus möchte seinen Lebenspartner Ludwig verlassen und sofort Uschi heiraten, in die er sich unsterblich verliebt hat.

Die Eheverbote regeln, in welchen Fällen eine Eheschließung nicht erfolgen darf. An einen Verstoß gegen sie knüpft das Gesetz unterschiedliche Folgen.

aa) Verwandtenehe: Das Gesetz verbietet eine Ehe zwischen **Verwandten in gerader Linie** und zwischen **Geschwistern** (§ 1307 Abs. 1 BGB). In gerader Linie verwandt sind Personen, von denen eine von der anderen abstammt (§ 1589 S. 1 BGB), also z. B. Großeltern, Eltern, Kinder, Enkelkinder usw. Da der Grad der Verwandtschaft unerheblich ist, gilt das Verbot z. B. auch für eine Ehe zwischen einem Großelternteil und einem Enkelkind. Es gilt auch für „halbbürtige" Geschwister, die nur einen Elternteil gemeinsam haben. Dagegen können „Bruder" und „Schwester" sowie zwei „Brüder" oder zwei „Schwestern" heiraten, wenn sie aus früheren Ehen oder Beziehungen der „Eltern" stammen, also lediglich durch die Eheschließung ihres jeweiligen Elternteils „zusammengebracht" worden sind. Kein Eheverbot besteht auch zwischen Cousin und Cousine, zwischen Cousins sowie zwischen Onkel und Nichte bzw. Onkel und Neffe, da diese nur über eine dritte Person, also in der Seitenlinie verwandt sind. Nicht verboten ist eine Ehe zwischen verschwägerten Personen. Der Schwiegervater darf deshalb seine geschiedene Schwiegertochter oder seinen geschiedenen Schwiegersohn „heiraten", ebenso die Witwe ihren Schwager oder ihre Schwägerin.

bb) Adoption: Bei einer Adoption erlischt zwar regelmäßig das Verwandtschaftsverhältnis zu den bisherigen Verwandten (§ 1755 BGB), das Eheverbot bleibt jedoch bestehen. Besteht die Verwandtschaft nicht blutsmäßig, sondern lediglich aufgrund einer Adoption, soll eine Ehe dennoch nicht geschlossen werden (§ 1308 BGB). Adoptivgeschwister, nicht jedoch Adoptiveltern und ihre Kinder, können von diesem Verbot durch das Familiengericht befreit werden.

cc) Doppelehe: Das Verbot der Doppelehe (§ 1306 BGB), d. h. das Verbot, bei bestehender Ehe oder Lebenspartnerschaft eine (zweite) Ehe einzugehen, beruht auf dem im deutschen Recht geltenden Grundsatz der Einehe (Monogamie). Ein Verstoß gegen dieses Eheverbot führt zur Strafbarkeit wegen Bigamie (§ 172 StGB) und zur Aufhebbarkeit der zweiten Ehe (§ 1314 Abs. 1 Nr. 2 BGB). Eine Ausnahme enthält § 1319 BGB für den Fall, dass ein Ehegatte eine Ehe eingeht, nachdem sein bisheriger Ehepartner oder Lebenspartner für tot erklärt worden ist (§ 9 VerschG), der für tot Erklärte aber noch lebt und dies beide Partner der neuen Ehe nicht wussten. Hier hat derjenige, der in Unkenntnis des Überlebens seines verschollenen Partners erneut geheiratet hat, die „Wahl" zwischen dem alten und dem neuen Ehegatten.

dd) Ausländer: Ausländer unterliegen den Ehehindernissen ihres Heimatstaates (Art. 13 Abs. 1 EGBGB). Einen diesbezüglichen Nachweis (Ehefähigkeitszeugnis) benötigen jedoch nur noch Ausländer, deren Ehefähigkeit sich nicht ohnehin nach deutschem Recht bestimmt. Ein Ehefähigkeitszeugnis kann die innere Behörde und jede andere Stelle des Heimatstaats nach Maßgabe eines zwischenstaatlichen Vertrages ausstellen (§ 1309 BGB, § 12 Abs. 3 PStG). Das Verbot von Kinderehen gilt auch für ausländische Ehegatten, die in Deutschland heiraten wollen oder im Ausland wirksam nach ihrem Heimatrecht geheiratet haben und als Ehegatten nunmehr in Deutschland leben wollen (Art. 13 Abs. 3 EGBGB); allerdings wird die (aus deutscher Sicht) unwirksame oder aufhebbare Kinderehe geheilt, wenn die Ehegatten erst nach Vollendung des 18. Lebensjahres nach Deutschland kommen (Art. 229 § 44 Abs. 4 Nr. 2 EGBGB). Bei einer Eheschließung von Personen gleichen Geschlechts in Deutschland ist stets deutsches Recht anzuwenden (Art. 17 b Abs. 4 EGBGB). Ein Ehefähigkeitszeugnis des Heimatstaats, der möglicherweise diese Rechtsform nicht kennt, ist deshalb nicht vorzulegen. Die „Homo-Ehe" wird jedoch möglicherweise in der Heimat nicht anerkannt. Teilweise droht den Ehegatten dort sogar eine strafrechtliche Verfolgung.

Eine „fehlerhafte" Ehe kann durch gerichtliche Entscheidung mit Wirkung für die Zukunft aufgehoben werden (§§ 1313 ff. BGB). In den praktisch bedeutsamen Fällen richten sich die Folgen der **Aufhebung** weitgehend nach dem Scheidungsfolgenrecht.

2. Das standesamtliche Verfahren

Beispiele: Moritz und Frieda waren fünfzig Jahre „ohne Trauschein" glücklich miteinander. Nun liegt Moritz im Sterben. Bei Beurkundung der gegenseitigen Erbeinsetzung hat der Notar auf die hohen Erbschaftsteuern bei unverheirateten Paaren hingewiesen und gegebenenfalls eine „Nottrauung" empfohlen. Der Standesbeamte lehnt ab, da Sonntag sei, alles nicht so schnell ginge und die Partner selbst „schuld" seien, wenn sie nicht schon früher geheiratet hätten.
Josef und Anna heiraten nur kirchlich, allerdings sehr feierlich und mit dem Versprechen, zusammen zu bleiben, bis der Tod sie scheidet. Es kommt jedoch bereits vor diesem Ereignis Dagmar dazwischen und Josef lässt Anna mit den beiden Kindern „sitzen". Als Anna auf Durchführung des Zugewinn- und Versorgungsausgleichs besteht, will Josef nicht zahlen, schließlich sei alles rechtlich unverbindlich und trotz des Pfarrers samt kirchlichem Segen nur „Show" gewesen.

Die Ehe soll vor dem zuständigen Standesbeamten geschlossen werden. Das frühere Aufgebot gibt es nicht mehr. Die beabsichtigte Eheschließung ist lediglich mündlich oder schriftlich anzumelden (§§ 12, 13 PStG). Zuständig ist der Standesbeamte, in dessen Bezirk einer der Verlobten seinen Wohnsitz oder gewöhnlichen Aufenthalt hat. Vorzulegen sind öffentliche Urkunden über den Personenstand, den Wohnsitz oder gewöhnlichen Aufenthalt und die Staatsangehörigkeit sowie die Auflösung etwaiger früherer Ehen oder Lebenspartnerschaften. Im Hinblick auf die mögliche Wahl des Ehenamens fragt der Standesbeamte regelmäßig auch, ob und gegebenenfalls welchen Ehenamen die Beteiligten führen wollen (§ 14 Abs. 1 PStG). Die Anmeldung der Eheschließung dient der Prüfung der Eheschließungsvoraussetzungen. Sie kann unterbleiben, wenn die lebensgefährliche Erkrankung eines der Eheschließenden den Aufschub der Eheschließung nicht gestattet. Aus welchem Grund diese bisher unterblieben ist, hat der Standesbeamte dagegen nicht zu prüfen.

Der Standesbeamte soll bei der Trauungszeremonie an die Eheschließenden nacheinander die Frage richten, ob sie die Ehe miteinander eingehen wollen. Beantwortet ein Verlobter die Frage mit „Nein“, so kommt keine Ehe zustande. Nach Bejahung spricht der Standesbeamte aus, dass die Eheschließenden nunmehr kraft Gesetzes rechtmäßig verbundene Eheleute sind. Die Eheschließung kann in Gegenwart von einem oder zwei Zeugen erfolgen, wenn die Eheschließenden dies wünschen. Sie wird in das Eheregister eingetragen (§ 15 PStG). Das Stammbuch, das beim Standesamt gekauft werden kann, dient dagegen als Sammlung aller standesamtlichen und kirchlichen Urkunden der Familie. Ein Verstoß gegen die Ordnungsvorschriften der §§ 1310 und 1312 BGB lässt die Wirksamkeit der Ehe unberührt.

Die kirchliche Trauung hat nur innerhalb der betreffenden Religionsgemeinschaft Bedeutung (vgl. § 1588 BGB). Nach dem entsprechenden Kirchenrecht beurteilen sich die Zulässigkeit und Wirksamkeit einer Eheschließung sowie deren Rechtsfolgen einschließlich einer etwaigen Unauflöslichkeit. Kirchliches Eherecht und staatliches Eherecht sind unabhängig voneinander. Dies gilt auch für die Eheschließung. Ein Verbot kirchlicher Voraustrauung besteht nicht mehr. Deshalb können Brautpaare kirchlich heiraten, ohne auch standesamtlich eine Ehe einzugehen. Bürgerlichrechtliche Wirkungen hat die kirchlich geschlossene Ehe, insbesondere bei einer späteren Trennung nicht. Staatlich sind die kirchlich Verheirateten somit weiterhin ledig. Hierauf wiesen die großen Kirchen die Eheschließenden ausdrücklich hin.

Auch eine **im Ausland geschlossene Ehe,** bei der die Voraussetzungen und die Form des deutschen Rechts nicht eingehalten wurden, kann wirksam sein. Dies ist der Fall, wenn sie die Formerfordernisse des Staates erfüllt, in dem die Ehe geschlossen wurde. Eine Eheschließung eines Deutschen im Ausland nach Stammesrecht und -brauch, bei der ihm seine Braut einen Becher mit Palmwein überreicht und der künftige Schwiegervater dann beide für verheiratet erklärt, kann deshalb auch im Inland anzuerkennen sein.

3. Die Umwandlung einer Lebenspartnerschaft in eine Ehe

Beispiel: Ludwig und Dominik haben in Regen/Niederbayern bei einem ihnen bekannten Notar eine Lebenspartnerschaft begründet. Sie wollen nunmehr bei ihm auch heiraten. Der Standesbeamte in Berlin erklärt ihnen, der Notar sei für die Eheschließung nicht mehr zuständig.

Für die Begründung einer Lebenspartnerschaft gleichgeschlechtlicher Paare waren die Standesämter zuständig. Allerdings konnten die Länder eine abweichende Zuständigkeit bestimmen. Deshalb konnten in Bayern gleichgeschlechtliche Paare ihre Lebenspartnerschaft auch vor einem Notar begründen. Die bis 1. Oktober 2017 geschlossenen Lebenspartnerschaften bleiben weiter wirksam. Sie werden nicht automatisch in eine Ehe umgewandelt. Die Lebenspartner können jedoch – zeitlich unbefristet – ihre eingetragene Lebenspartnerschaft rückwirkend auf den Tag der Lebenspartnerschaftsbegründung in eine Ehe umwandeln (§ 20a Abs. 6 LPartG, Art. 3 Abs. 2 Gesetz zur Einführung des Rechts auf Eheschließung für Personen gleichen Geschlechts). Zuständig ist das Standesamt, auch wenn die Lebenspartnerschaftsbegründung vor einer anderen

Stelle erfolgte. Nachgewiesen werden muss das Bestehen der Lebenspartnerschaft (§ 17a Abs. 1 PStG). Die weiteren Eheschließungsvoraussetzungen (§ 13 PStG) müssen nicht nochmals geprüft werden. Die Lebenspartner müssen vor dem Standesbeamten bei gleichzeitiger Anwesenheit gegenseitig erklären, dass sie miteinander eine Ehe führen wollen. Die Umwandlung wird steuerrechtlich mit der rückwirkenden Geltung des für Ehegatten geltenden Steuerrechts, insbesondere des Ehegattensplittings, belohnt. Zusätzliche Voraussetzung ist, dass die Umwandlung bis 31. Dezember 2019 erfolgt und die Ehegatten bis zum 31. Dezember 2020 auch die nachträgliche Berücksichtigung ihrer Eheschließung bei alten Steuerbescheiden beantragen (Art. 97 § 9 Abs. 5 EG AO).

IV. Die allgemeinen Ehewirkungen

Die allgemeinen privatrechtlichen Wirkungen der Eheschließung sind in den §§ 1353 ff. BGB geregelt. Sie gelten unabhängig vom Güterstand. Die Ehe entfaltet Rechtswirkungen sowohl zwischen den Partnern als auch im Verhältnis zu Dritten.

1. Eheliche Lebensgemeinschaft

Beispiele: Moritz und Frieda sind beruflich an weit voneinander entfernten Orten tätig, deshalb führen sie eine Wochenendehe. Moritz empfindet das auf Dauer unbefriedigend und meint, notfalls müsse Frieda ihren Beruf aufgeben und zu Hause bleiben. Frieda weigert sich und verlangt von Moritz ihrerseits, er solle das Rauchen aufgeben, nicht immer die an sie gerichteten Briefe öffnen und – wie vor der Eheschließung versprochen – zu ihrem Glauben konvertieren.
Ludwig betrügt Dominik, mit dem er in einer eingetragenen Lebenspartnerschaft lebt, wiederholt. Dieser fordert von seinem Lebenspartner die Beachtung der „ehelichen" Treuepflicht. Da er sehr eifersüchtig ist, kontrolliert er heimlich das Handy von Ludwig und liest seine Chat-Mitteilungen.

a) Welche Pflichten ergeben sich aus der ehelichen Lebensgemeinschaft?

Die eheliche Lebensgemeinschaft umfasst die gesamten persönlichen und vermögensrechtlichen Verhältnisse der Ehegatten. Der Gesetzgeber hat – mit Ausnahme der ehelichen Unterhaltspflicht – davon abgesehen, die aus der Ehe folgenden Pflichten konkret zu beschreiben. Nach seiner Auffassung kommt im Begriff der ehelichen Lebensgemeinschaft die **Partnerschaft gleichen Rechts** und gleicher Pflichten mit besonderen Anforderungen an gegenseitige Achtung, Rücksichtnahme und Verantwortung, auf Mitsprache und Mitentscheidung am besten zum Ausdruck.

Die gesetzliche Generalklausel (§ 1353 BGB) macht den Ehegatten all das zur **Rechtspflicht,** was nach sittlicher Auffassung zum Wesen der Ehe gehört: Die gegenseitige Liebe und Achtung, die Rücksichtnahme auf den anderen, gegenseitiger Beistand und Hilfe bei Krankheit und Gefahren, die eheliche Treue, die häusliche Gemeinschaft, das Zusammenwirken in Vermögensangelegenheiten sowie die Sorge für die gemeinsamen Kinder und für die in den Haushalt aufgenommenen, aus einer anderen Verbindung stammenden Kinder des Partners. Früher gehörte auch die Geschlechtsgemeinschaft zum Wesen der Ehe. Der Bundesgerichtshof ging von einer Verpflichtung zum ehelichen Verkehr „in ehelicher Zuneigung und Opferbereitschaft“ aus, ohne „Gleichgültigkeit oder Widerwillen zur Schau zu tragen“. Nach moderner Auffassung bleiben die sexuellen Beziehungen, wohl auch die Treue und die Familienplanung, den Absprachen der Partner überlassen. Inwieweit diese rechtliche Relevanz haben, ist allerdings umstritten. Die gewaltsame Durchsetzung sexueller Handlungen ist auch in der Ehe strafbar.

Die partnerschaftliche Lebensgemeinschaft verpflichtet – nach dem Wortlaut weniger weit reichend als bei der Ehe – die Lebenspartner zu Fürsorge und Unterstützung sowie zur gemeinsamen Lebensgestaltung (§ 2 LPartG). Wie bei der Ehe handelt es sich um eine auf Solidarität beruhende **Einstehens- und Verantwortungsgemeinschaft.** Die Lebenspartner können unabhängig von den gesetzlichen Vorgaben ihre Gemeinschaft eheähnlich ausgestalten.

b) Individuelle Freiräume

Die Lebensgemeinschaft fordert von den Ehegatten zwar Rücksichtnahme, jedoch keinen vollständigen Verzicht auf die Entfaltung und Entwicklung der eigenen Persönlichkeit. Weder im persönlichen noch im Vermögensbereich ist den Ehegatten notwendig alles gemeinsam. Trotz der engen personalen Verbindung hat jeder Partner dem anderen gegenüber auch das Recht auf Wahrung und Achtung der eigenen Persönlichkeits- und Vermögenssphäre, wenn dies unter Beachtung der Interessen des Partners erfolgt. Über seine berufliche, politische, wissenschaftliche und künstlerische Betätigung, aber auch über Teile des Freizeitbereichs entscheidet jeder Ehegatte eigenverantwortlich. Deshalb kann beispielweise kein Partner zu einem Religionswechsel gezwungen werden. Über Entscheidungen, etwa einen Berufswechsel oder eine Versetzung, ist der Partner zu unterrichten; sie sind mit ihm abzusprechen. Auch hinsichtlich der eigenen Vermögenslage besteht gegenüber dem Ehegatten eine Informationspflicht. **Vermögensrechtliche Ansprüche** können gegenüber dem Partner sogar **klageweise** durchgesetzt werden. Jedoch dürfen dadurch die Grundlagen der Gemeinschaft nicht beeinträchtigt werden oder eine besondere Rücksichtslosigkeit an den Tag treten. Jeder Partner kann mit der Durchsetzung aber auch warten; die Verjährung ist nämlich gehemmt, solange die Ehe besteht (§ 207 Abs. 1 S. 1 BGB). Frei von einer Einmischung und Kontrolle des Partners ist der **Kernbereich der Individualsphäre,** wie etwa das Brief- und Telefongeheimnis, vertrauliche Tagebuchaufzeichnungen etc. Deshalb darf auch kein Partner heimlich das Handy des anderen kontrollieren. Auch die Ausübung einer gefährlichen Sportart (z. B. Motorradrennen und Drachenfliegen) und das Rauchen zählen wohl noch zum Bereich der persönlichen Lebensgestaltung; soweit damit Gefahren für den Partner verbunden sind (z. B. Passivrauchen), besteht aber eine Pflicht zur Rücksichtnahme auf den Partner.

c) Die gerichtliche Durchsetzung der Lebensgemeinschaft (Eheherstellungsklage)

Beispiele: Moritz sucht einen Rechtsanwalt auf und bittet ihn, er möge seine Frau notfalls mit dem Gerichtsvollzieher dazu veranlassen, zu ihm zu ziehen. Ferner verweigere ihm seine Frau wegen der bestehenden Unstimmigkeiten seit Monaten die Gewährung des ehelichen Verkehrs; das Gericht möge – hier allerdings ohne Zuhilfenahme des Gerichtsvollziehers – seiner Frau die Unrechtmäßigkeit ihres Verhaltens deutlich vor Augen führen.
Ludwig möchte Dominik gerichtlich zur Mitarbeit im Haushalt „verdonnern" lassen.

Das Gesetz überlässt es den Ehegatten, ihre Lebensgemeinschaft nach ihren Wünschen und Vorstellungen individuell auszugestalten. Auch im Falle von Meinungsverschiedenheiten gilt der **Grundsatz der Gleichberechtigung;** kein Partner kann als „Familienoberhaupt" verbindlich für beide Teile entscheiden. Haben sie sich zunächst in einer bestimmten Angelegenheit, z. B. hinsichtlich unterschiedlicher Wohnsitze geeinigt, so kann kein Partner einseitig eine Neuregelung durchsetzen. Können sich die Ehegatten in einer Frage nicht einigen, kann nicht das Gericht als Schiedsrichter angerufen werden. Nur wenn zwischen Eltern über die Handhabung des **elterlichen Sorgerechts** in konkreten Angelegenheiten keine Übereinstimmung besteht, überträgt das Familiengericht auf Antrag einem Elternteil die Entscheidung (§ 1628 BGB).

Kommt ein Ehegatte seiner Pflicht zur ehelichen Lebensgemeinschaft nicht nach, kann der andere gegen ihn mit dem Eheherstellungsantrag vorgehen. Was im Einzelnen dazu gehört, ist, wie das Beispiel der Geschlechtsgemeinschaft zeigt, umstritten. Gegenstand gerichtlicher Auseinandersetzung sind mitunter die Mitbenützung von Wohnung und Haushaltsgegenständen sowie die Entfernung des Ehebrechers aus der Ehewohnung. Der Eheherstellungsantrag, der der Erfüllung personaler Pflichten dient, ist Ehesache, über die das **Familiengericht** zu befinden hat (§ 266 Abs. 1 Nr. 2, § 111 Nr. 10 FamFG, § 23 a Abs. 1 Nr. 1 GVG). Ein Beschluss, das einem Herstellungsantrag hinsichtlich persönlicher Pflichten stattgibt, kann aber **nicht vollstreckt** werden (§ 120 Abs. 3 FamFG). Ehewidriges Verhalten bildet auch keinen Scheidungsgrund mehr. Der Herstellungsantrag hat deshalb in der Praxis nur noch geringe Bedeutung.

Ehepflichten wirtschaftlichen Inhalts sind sonstige Familiensachen, für die das Familiengericht zuständig ist (§§ 266 Abs. 1 Nr. 2, 111 Nr. 10 FamFG, § 23a Abs. 1 Nr. 1 GVG). Ein Vollstreckungshindernis besteht bei ihnen nicht. Betroffen sind Abfindungszahlungen, vertragliche Unterhaltsansprüche, der Anspruch auf Zustimmung zum Ehegattensplitting bei der Einkommensteuer, Mitwirkungshandlungen gegenüber Versicherungen usw.

d) Wann entfällt die Verpflichtung zur ehelichen Lebensgemeinschaft?

Beispiele: Frieda erklärt vor Gericht, sie wolle deshalb nicht zu ihrem Mann ziehen, da dieser eine Geliebte habe und außerdem hätte er sie bei Wutanfällen mehrfach geschlagen. Moritz bestreitet dies nicht, verspricht aber, sich zu bessern.
Ludwig möchte, dass sein Ehegatte Dominik endlich zu ihm zieht. Dieser hält getrennte Wohnungen, zumindest aber getrennte Schlafzimmer, für beziehungsfördernd.

Ein Ehegatte braucht dem Verlangen des anderen nach Herstellung der ehelichen Lebensgemeinschaft nicht nachzukommen, wenn entweder das Herstellungsverlangen **rechtsmissbräuchlich** erscheint oder die Ehe gescheitert ist (§ 1353 Abs. 2 BGB). Rechtsmissbräuchlich ist das Begehren, wenn es für den anderen Teil, z. B. bei Misshandlungen, Trunk- oder Rauschgiftsucht, unzumutbar ist. Ein Scheitern liegt vor, wenn die Lebensgemeinschaft nicht mehr besteht und nicht mehr erwartet werden kann, dass die Ehegatten sie wiederherstellen (§ 1565 Abs. 1 S. 2 BGB). Entfällt die Verpflichtung zur ehelichen Lebensgemeinschaft, so besteht umgekehrt das Recht, getrennt zu leben. Das Zusammenleben in häuslicher Gemeinschaft gehört grundsätzlich zur Lebensgemeinschaft; aber auch insoweit kommt es, wie auch hinsichtlich der getrennten Schlafzimmer, auf die Abreden der Partner über die gemeinsame Lebensgestaltung an.

Jedenfalls können der prügelnde Ehegatte und Lebenspartner aus der gemeinsamen Wohnung per einstweiliger Anordnung verwiesen werden (§ 2 GewSchG, § 214 FamFG). Außerdem können ihnen ein Aufenthalts- und Kontaktaufnahmeverbot auferlegt werden (§ 1 GewSchG). Ein Verstoß hiergegen wird sogar strafrechtlich verfolgt.

e) Der Schutz gegen Ehestörungen durch Dritte

Beispiele: Frieda und Moritz leben nach der Eheschließung in dem Haus, das Moritz gehört. Dieser schwärmt nach zwei Jahren von einer „Ehe zu dritt" und bringt seine Geliebte wiederholt in die Ehewohnung mit. Frieda will die Geliebte verklagen, dies zu unterlassen. Vorsorglich legt sie sich selbst einen Freund zu, den sie in seiner Wohnung aufsucht. Moritz fordert Schmerzensgeld wegen der Verletzung seiner männlichen Ehre.
Ludwig bringt mitunter „Bekanntschaften" mit. Dominik möchte sie nicht im ehelichen Schlafzimmer haben.

Einen **vollstreckbaren Anspruch** auf Unterlassung ehewidrigen Verhaltens oder auf Beseitigung des ehewidrigen Zustandes **gibt es** im deutschen Recht **nicht.** Dies gilt sowohl für Anträge gegen den Ehepartner als auch gegen den störenden Dritten. Derartige Anträge, z. B. auf Unterlassung außerehelicher Geschlechtsbeziehungen, würden zu einem (mittelbaren) staatlichen Zwang zur Erfüllung persönlicher Ehepflichten entgegen der gesetzlichen Wertung führen. Aus diesem Grund verneint die Rechtsprechung auch Schadensersatzansprüche gegen den Dritten auf Ersatz erhöhter Haushaltskosten und der Kosten des Scheidungsverfahrens. Die Verletzung der Ehre führt ohnehin nach deutschem Recht zu keinem Ersatzanspruch.

Geschützt ist der **räumlich-gegenständliche Bereich** der Ehe. Deshalb kann eine Frau von ihrem Mann die Entfernung der Geliebten aus der Ehewohnung verlangen und dieser selbst das Betreten verbieten. Ähnlich gilt dies für **Geschäftsräume,** wenn eine enge Verbindung zwischen Wohnung und Geschäft besteht. Diese kann räumlicher Art sein (z. B. Praxis im Wohnhaus), aber auch auf der Mitarbeit der Ehefrau im Geschäft beruhen. Der Schutz des räumlich-gegenständlichen Bereichs der Ehe gilt unabhängig vom Geschlecht der Ehegatten. Der Ehemann kann vom Erzeuger eines während der Ehe geborenen „Kuckuckskindes" außerdem Ersatz der Entbindungskosten und einen Vorschuss bzw. Ausgleich für das Ehelichkeitsanfechtungsverfahren verlangen. Der Scheinvater kann vom Erzeuger des Kindes den von ihm bezahlten Unterhalt nach erfolgreicher Vaterschaftsanfechtung bzw. -feststellung verlangen (§ 1607 Abs. 3 S. 2 BGB). Allerdings setzt dies voraus, dass er von seiner Exfrau, die ihm das Kind „untergeschoben" hat, den Namen des biologischen Vaters erfährt. Anders als dem Kind muss die Frau dem Scheinvater zur Durchsetzung seines vermögensrechtlichen Anspruchs den Namen des Erzeugers nach geltender Rechtslage nicht nennen, da von der Auskunftspflicht intimste Vorgänge, nämlich Sexualpartner, betroffen sind. Ob der Gesetzgeber dies ändert, ist offen.

2. Die Rollenverteilung

a) Haushaltsführung und Berufstätigkeit

Beispiele: Frieda möchte auch nach der Eheschließung berufstätig bleiben. Moritz ist der Meinung, die Frau gehöre ins Haus, dies sei schon bei seiner Mutter und Großmutter so gewesen. Frieda wird sehr schnell schwanger und gibt ihren Beruf zur Kindererziehung zunächst auf. Als ihr die „Decke auf den Kopf fällt", möchte sie in ihren Beruf zurückkehren und das Kind in die Kindertagesstätte bzw. den Kindergarten „geben". Moritz weigert sich, die für ihn praktische Rollenverteilung zu ändern.
Ludwig möchte zu Hause bleiben; Klaus hält ihm entgegen, dass bei einer gleichgeschlechtlichen Ehe ohne gemeinsame Kinder beide Partner arbeiten müssten.

Auf welche Weise erfolgt die Aufteilung von Haushaltsführung und Berufstätigkeit? Bis 1977 war die Führung des Haushalts Pflicht der Ehefrau; sie durfte nur erwerbstätig sein, soweit das mit ihren Pflichten in Ehe und Familie zu vereinbaren war. Das gesetzliche Leitbild der Hausfrauenehe ist längst der **partnerschaftlichen Ehe** gewichen. Die Ehegatten regeln die Haushaltsführung im gegenseitigen Einvernehmen (§ 1356 Abs. 1 S. 1 BGB). Jeder von ihnen ist verpflichtet, nach seinen Kräften und im Rahmen seiner Möglichkeiten für den Haushalt zu sorgen. Selbstverständlich können die Ehegatten auch heute noch eine „Hausfrauen- bzw. Hausmannehe" praktizieren, bei der ein Partner berufstätig ist und sich der andere ausschließlich um den Haushalt und die Kinder kümmert. Neben diesem Typus der **Alleinverdienerehe** gibt es die **Doppelverdienerehe** meist kinderloser Ehegatten. Hier sind beide Partner voll berufstätig und teilen sich die Hausarbeit, wobei mitunter eine Hilfskraft dafür angestellt wird. In der **Zuverdienerehe** ist ein Partner voll erwerbstätig, während sich der andere, der meist den Haushalt (überwiegend) alleine führt, auf eine Teilzeitbeschäftigung beschränkt.

Bei der Entscheidung über die Rollenverteilung werden meist der Kinderwunsch und die Einkommensverhältnisse entscheidende Bedeutung haben. Auch wenn beide Ehegatten das Recht haben, erwerbstätig zu sein, so haben sie dabei jedoch auf die Belange des anderen Ehegatten und der Familie die gebotene Rücksicht zu nehmen (§ 1356 Abs. 2 BGB). Kommt es zu keinem Einvernehmen, so richtet sich die Pflicht zur Haushaltsführung und zur Erwerbstätigkeit nach den individuellen Verhältnissen unter Berücksichtigung der bisherigen Abreden. Bei kinderlosen Ehepaaren müssen im Zweifel beide Ehegatten anteilig den Haushalt führen. Sind betreuungsbedürftige Kinder vorhanden, so kann der Frau von ihrem Mann auch nicht unter Hinweis auf das traditionelle Rollenverhalten ein Verzicht auf außerhäusliche Berufstätigkeit zugemutet werden. Verdient sie beispielsweise als freiberufliche Steuerberaterin mehr als ihr Mann, der „kleiner" Beamter im Finanzamt ist, kann diesem durchaus eine Hausmannstätigkeit anzusinnen sein.

Auch gleichgeschlechtliche Paare müssen sich auf eine Arbeitsteilung im Haushalt und Beruf einigen. Deshalb kann bei der Stiefkindadoption nicht der Adoptivelternteil vom biologischen Elternteil die Übernahme der Kindbetreuung verlangen.

Ist eine spätere Änderung der Funktionsteilung möglich? Der Zwang zu ständigen Kompromissen gilt auch für eine einmal vereinbarte Funktionsteilung. Das geforderte „Einvernehmen" ist stets situationsbezogen und kann die Partner nicht für alle Zukunft binden. Fordert ein Partner eine Änderung, so müssen sich beide Teile wiederum um eine faire Lösung bemühen. Will etwa eine Hausfrau nach dem Babyalter der gemeinsamen Kinder wieder den Anschluss an ihren erlernten Beruf finden, so kann dem der Ehemann nicht unter Hinweis auf die früher geregelte Rollenverteilung widersprechen. Eine Ausnahme gilt jedoch, wenn die Rückkehr in den Beruf zu einer Gefährdung des Kindeswohls führen würde.

Beispiel: Frieda ist zu Hause, erledigt den Haushalt und betreut die dreijährigen Zwillinge. Moritz gibt ihr monatlich 1.500 EUR Haushaltsgeld. Frieda muss davon die Miete, Strom, Gas, die Lebensmittel und die Kleidung für die vierköpfige Familie bezahlen. Moritz meint, davon müssten eigentlich ca. 150 EUR übrig bleiben, da Frieda ohnehin werktags nur jeden zweiten Tag Fleisch koche.

Kann einem Ehegatten die Haushaltsführung in eigener Regie überlassen werden? Ist die Führung des Haushalts einem der Ehegatten überlassen, so trägt er hierfür die **alleinige Verantwortung** (§ 1356 Abs. 1 S. 2 BGB). Die Haushaltsführung umfasst alle Anordnungen für das Hauswesen, die das gemeinschaftliche Leben mit sich bringt, sowie sämtliche Besorgungen, die üblicherweise vom haushaltsführenden Ehegatten erledigt werden. Beispiele sind die Betreuung der Kinder, die Reinigung der Wohnung und der Kleidung, der Einkauf von Nahrungsmitteln und das Zubereiten der Mahlzeiten. Der andere Ehegatte darf in diesen Aufgabenkreis nicht hineinreden. Ebenso darf er nicht durch Kürzung des Haushaltsgeldes seinen Vorstellungen Nachdruck verleihen. Ihm ist auch nicht auf „Heller und Pfennig" die Verwendung des Haushaltsgeldes nachzuweisen. Unberührt bleibt die allgemeine Informationspflicht zwischen den Ehepartnern.

Beispiel: Frieda wird beim Überqueren eines Zebrastreifens von einem Auto angefahren und muss mehrere Monate ins Krankenhaus. Während dieser Zeit betreut ihre Mutter die Kinder und den Schwiegersohn tagsüber unentgeltlich. Moritz muss gleichwohl häufig abends das Geschirr spülen. Er fordert von dem Autofahrer Schadensersatz und zusätzlich Schmerzensgeld für die entgangene Freizeit. Dieser wendet ein, Moritz seien keine Kosten entstanden, außerdem schade es ihm nicht, wenn er einmal im Haushalt mithelfe.

Wird bei Verletzung oder Tötung des Ehegatten „Schadensersatz" geschuldet? Wird der haushaltsführende Partner verletzt, so muss ihm der hierfür verantwortliche Schädiger neben den Arzt- und Heilungskosten auch den Schaden ersetzen, der im vorübergehenden Unvermögen zur Haushaltsführung liegt. Der zu bezahlende Geldbetrag steht der Hausfrau bzw. dem Hausmann und nicht etwa dem anderen Partner zu. Der Anspruch besteht auch, wenn der andere Partner auf eigene Kosten eine Haushaltshilfe einstellt oder selbst einspringt. Führen die Ehegatten den Haushalt gemeinschaftlich, so ist der Schadensersatz nur anteilig zu leisten.

Während bei Tötung eines berufstätigen Ehegatten der entfallene Barunterhalt zu leisten ist, geht der Schadensersatz bei Tötung des haushaltsführenden Ehegatten auf Ersatz für die entgangenen Unterhaltsleistungen (§ 844 Abs. 2 BGB). Wird in diesem Fall eine Haushaltshilfe eingestellt, sind deren Kosten zu ersetzen. Übernehmen die Angehörigen die Haushaltsführung unentgeltlich, wird die Nettovergütung einer vergleichbaren Ersatzkraft geschuldet. Bei Tötung des Ehegatten steht dem Hinterbliebenen für das ihm zugefügte seelische Leid eine angemessene Entschädigung in Geld zu (§ 844 Abs. 3 BGB). Für die Höhe kommt es nicht auf die weggefallenen Leistungen für den hinterbliebenen Partner, sondern auf Art und Ausmaß des durch den Tod zugefügten seelischen Leids, das wiederum von der Intensität der Beziehung, von den sonstigen Lebensumständen des Hinterbliebenen einschließlich seiner geistigen Verfassung und den Umständen des Todes, soweit sie sich auf den Hinterbliebenen auswirken, abhängen. Im Durchschnitt werden ca. 10.000 EUR bezahlt.

b) Mitarbeitspflicht und Arbeitsverhältnis

Beispiele: Frieda, die aus der Großstadt stammt und in einer Diskothek an der Bar arbeitet, lernt den Jungbauern Moritz kennen. Es macht ihr auch nichts aus, nach der Heirat zu ihm auf seinen Bauernhof zu ziehen,

da sie das Landleben romantisch und die kleinen Kälber lieb findet. Als ihr Moritz erklärt, dass für die Feld- und Stallarbeit Stöckelschuhe unpraktisch seien, will sie wissen, ob sie überhaupt in der Landwirtschaft mitarbeiten müsse. Außerdem wolle sie auf jeden Fall ihr Gehalt bezahlt haben, das sie an der Bar verdient habe, und zwar zuzüglich der Trinkgelder.
Auch Ludwig ist von Dominik enttäuscht. Er träumt von einem gemeinsamen Bistro. Dominik steht auf dem Standpunkt „Dienst ist Dienst und Schnaps ist Schnaps". Als gelernter Koch arbeitet er lieber im Fastfood-Restaurant „Mac Hap" für den Mindestlohn. Auf das Risiko der Selbstständigkeit möchte er sich trotz der Ehe mit Ludwig nicht einlassen.

Ehegatten arbeiten mitunter auch beruflich zusammen. Praxisgemeinschaften von Freiberuflern und die Mitarbeit im gewerblichen Unternehmen, dem Handwerksbetrieb oder der Landwirtschaft des Partners sind Beispiele hierfür. Ehegatten können ihre berufliche Verbindung wie fremde Personen durch Verträge regeln. Ein Partner kann dann der „Chef" des anderen sein. Aber auch eine gleichberechtigte oder funktionsteilige Zusammenarbeit ist möglich.

Besteht eine gesetzliche Pflicht zur Mitarbeit im Geschäft des anderen Ehegatten? Eine spezielle Vorschrift, die die Mitarbeit im Beruf oder Geschäft des anderen Ehegatten regelt, besteht nicht. Das bedeutet jedoch nicht, dass kraft Gesetzes keine Mitarbeitspflicht bestünde. Eine Mitarbeitspflicht kann sich nämlich in Ausnahmefällen aus der Beistandspflicht ergeben. Jeder Partner hat auf die beruflichen Interessen des anderen Rücksicht zu nehmen und diesen erforderlichenfalls sogar zu unterstützen. Die **Pflichtmitarbeit** ist allerdings auf Zwangssituationen beschränkt: In Betracht kommen der Aufbau eines Anwaltsbüros oder einer Arztpraxis, akuter Personalmangel, fehlende Liquidität zur Beschäftigung einer fremden Hilfskraft, Krankheit und Notzeiten. Die Verpflichtung zur Mitarbeit besteht nicht bei eigener Krankheit und wenn der Betroffene ein Arbeitsverhältnis mit besseren Verdienstmöglichkeiten aufgeben müsste oder die eigene wirtschaftliche Existenz gefährden würde. Es sind somit die Interessen beider Partner gegeneinander abzuwägen.

Fehlen ausdrückliche Abreden, so ist fraglich, ob und wie die geleisteten Dienste zu vergüten sind. Die Rechtsprechung hat eine

Vergütungspflicht bei unbedeutenden Hilfsarbeiten und in Fällen, in denen keine Gewinne erzielt oder durch den Familienunterhalt wieder aufgezehrt wurden, abgelehnt. Auch wenn über die bloße Unterhaltssicherung hinausgehende Werte geschaffen werden, erfolgt die Beteiligung des mitarbeitenden Partners hieran in der Regel über den Unterhalt und im Rahmen des Güterstandes. In Einzelfällen hat die Rechtsprechung stillschweigende Arbeitsverträge oder einen besonderen **familienrechtlichen Vertrag** angenommen und hierauf bei einer Scheidung einen Ausgleichsanspruch gestützt. Angesichts der rechtlich weitgehend ungeklärten Entgeltsituation empfiehlt es sich, eine **Vergütung vertraglich zu regeln.** Hinzu kommt, dass andernfalls für den mitarbeitenden Ehegatten regelmäßig auch keine Sozialabgaben geleistet werden und dieser deshalb keinen eigenen Krankenversicherungsschutz, keinen Schutz bei Arbeitslosigkeit und Pflegebedürftigkeit sowie keine Rentenansprüche erwirbt.

Beispiel: Moritz stellt Frieda in seiner Arztpraxis als Sprechstundenhilfe an. Obwohl sie ungelernte Verkäuferin ist, erhält sie den dreifachen Monatslohn der ebenfalls bei Moritz beschäftigten Susanne. Moritz begründet dies damit, dass ihm seine Frau Tag und Nacht zur Verfügung stehe, nicht ohne sein Dazutun schwanger werde und dank seiner Pflege nie krank sei. Das Gehalt wird auf ein Bankkonto überwiesen, über das Moritz und Frieda jeweils einzeln verfügungsberechtigt sind. Als Moritz seine Frau zu einer unangenehmen Arbeit anweist, ist diese erbost, denn schließlich sei sie gleichberechtigt und müsse sich von ihm nichts sagen lassen.

Können Ehegatten miteinander Gesellschaften gründen und Arbeitsverträge abschließen? Ehegatten ist es unbenommen, die Pflicht zur Mitarbeit vertraglich zu regeln. Dies kann in einem Dienst-, Arbeits- oder Gesellschaftsvertrag geschehen. Für Arbeitsverträge ist gemäß § 2 Abs. 1 Nachweisgesetz ein schriftlicher Vertrag notwendig; für Dienst- und BGB-Gesellschaftsverträge ist grundsätzlich keine bestimmte Form erforderlich, jedoch ein schriftlicher Abschluss zweckmäßig. Arbeitsverträge zwischen Ehegatten sind neben der ehelichen Lebensgemeinschaft möglich. Deshalb besteht auch kein Widerspruch zwischen dem Recht des Arbeitgeber-Ehegatten, seinem Partner eine bestimmte Arbeit anzuweisen, und dem Grundsatz der Gleichberechtigung.

Im Arbeitsvertrag sind Rechte und Pflichten, z. B. Vergütung, Tätigkeitsbereich, Arbeitszeit, Urlaubsanspruch etc., wie zwischen Fremden zu regeln. Die Arbeitsschutzvorschriften und zwingende Tarifverträge sind zu beachten. Der Abschluss eines Arbeitsvertrages mit dem Ehegatten führt grundsätzlich auch zur **Sozialversicherungspflicht.** Dadurch erhält der Arbeitnehmer-Ehegatte eine eigenständige soziale Sicherung im Fall der Krankheit, der Pflegebedürftigkeit, der Invalidität und des Alters. Anders ist dies nur, wenn die monatliche Beitragsbemessungsgrenze überschritten oder eine geringfügige Beschäftigung mit einem monatlichen Entgelt von nicht mehr als 450 EUR oder nur kurzfristig vereinbart wird.

Da das Gehalt des Partners als Betriebsausgabe den Gewinn des Arbeitgeber-Ehegatten mindert, führt dies zu einer Verringerung der Gewerbesteuer. Außerdem steht dem mitarbeitenden Partner der Arbeitnehmer-Pauschbetrag von 1.000 EUR bei der Einkommensteuer zu. Steuerliche Anerkennung finden allerdings Arbeitsverhältnisse unter Ehegatten nur, wenn sie **ernsthaft vereinbart** sind und entsprechend der Vereinbarung **tatsächlich durchgeführt** werden. Vertragsinhalt und Vertragsdurchführung müssen dem entsprechen, was zwischen **Fremden üblich** ist. Das Entgelt kann aus familiären Gründen auch niedriger als bei Dritten sein. Umgekehrt kann bei einer besonderen Vertrauensstellung der Lohn auch höher sein als bei vergleichbaren Arbeitnehmern. Die besondere Stellung muss allerdings im Betrieb bestehen und darf sich nicht allein aus der Angehörigeneigenschaft ergeben. Der Lohn sollte auf ein **eigenes Konto** des Arbeitnehmer-Partners überwiesen werden, auch wenn die Zahlung auf ein Oder-Konto beider Partner der steuerlichen Anerkennung nicht entgegensteht. Hilfsleistungen, die üblicherweise auf familienrechtlicher Grundlage erbracht werden, eignen sich nicht als Inhalt eines steuerlich anzuerkennenden Arbeitsverhältnisses.

Gesellschaften zwischen Ehegatten kommen häufig bei Freiberuflern, z. B. Ärzten, Steuerberatern, Architekten oder Anwälten, vor.

Aber auch im gastronomischen Bereich, im Fremdenverkehrsgewerbe und im Einzelhandel sind **Mitunternehmerschaften** von Ehegatten nicht selten. Neben diesen Gesellschaften des bürgerlichen Rechts können auch andere Gesellschaftsformen, insbesondere Gesellschaften mit beschränkter Haftung, Partnerschaftsgesellschaften, offene Handelsgesellschaften und Kommanditgesellschaften, von Partnern zur gemeinsamen wirtschaftlichen Betätigung gegründet werden. Einen konkludenten Abschluss eines Gesellschaftsvertrages hat die Rechtsprechung angenommen, wenn die Ehegatten einen über den typischen Rahmen der ehelichen Lebensgemeinschaft hinausgehenden Zweck verfolgt haben und das gemeinsam geschaffene Vermögen wirtschaftlich nicht nur dem nach außen auftretenden Unternehmer-Ehegatten, sondern auch dem anderen Ehegatten zustehen sollte. Bejaht wird eine Ehegatteninnengesellschaft bei einer gleichgeordneten Mitarbeit eines Ehegatten im Geschäft des anderen, verbunden mit einer Beteiligung an Gewinn und Verlust. In diesem Fall steht dem mitarbeitenden Partner auch bei einer Scheidung ein angemessener Abfindungsanspruch zu. Dies gilt auch, wenn ehevertraglich Gütertrennung vereinbart wurde.

Bestehen Schadensersatzansprüche bei Verletzung des mitarbeitenden Ehegatten? Wird der mitarbeitende Ehegatte durch einen Dritten verletzt und dadurch an seiner Mitarbeit gehindert, so hat er wegen Minderung seiner Erwerbstätigkeit Anspruch auf Schadensersatz.

3. „Schlüsselgewalt" und Vollmachten

a) Kann ein Ehegatte den anderen rechtsgeschäftlich verpflichten?

Beispiel: Frieda Müller bestellt seit Jahren unter dem Namen ihres Mannes Fritz Müller beim Großversandhaus Anna die Kleidung für die gesamte Familie. Sie unterschreibt die Bestellformulare auch mit „Fritz Müller". Als dieser einen bunt gemusterten Anzug erhält, findet er das nicht mehr lustig und will nicht zahlen, da er nichts bestellt habe.

Die Eheschließung führt grundsätzlich nicht dazu, dass ein Partner über das Vermögen des anderen verfügen oder für diesen unbegrenzt Verbindlichkeiten eingehen könnte. Es steht den Partnern jedoch frei, sich gegenseitig Vollmachten zu erteilen. Verbreitet sind **Kontovollmachten.** Aber auch eine General- oder eine Generalhandlungsvollmacht, die ein im Ausland weilender Partner oder ein Geschäftsinhaber erteilt, kann mitunter zweckmäßig sein. Eine Vollmacht kann auch als sogenannte **Vorsorgevollmacht** für den Fall der Hilfebedürftigkeit eines Partners, in dem sonst ein Betreuer bestellt werden müsste, erteilt werden (§ 1896 BGB). Diese Vollmacht kann auch Entscheidungen in persönlichen Fragen, wie z. B. die Einwilligung in einen ärztlichen Eingriff, den Abbruch lebensverlängernder Maßnahmen oder eine Heimunterbringung umfassen.

Vollmachten können, sofern bei ihrer Erteilung nichts anderes vereinbart wird, jederzeit **widerrufen** werden. Sie erlöschen im Zweifel nicht durch den Tod des Vollmachtgebers; jedoch können sie von dessen Erben widerrufen werden. Vollmachten bedürfen im Normalfall keiner Form. Doch ist zum Nachweis ihres Bestehens eine schriftliche Erteilung in der Praxis unerlässlich. Soll der Bevollmächtigte zu **Grundstücksgeschäften** berechtigt sein, muss die Unterschrift des Vertretenen zum Nachweis gegenüber dem Grundbuchamt öffentlich, d. h. in der Regel notariell beglaubigt werden. Eine Vollmacht zum Abschluss eines Verbraucherdarlehensvertrags bedarf der Schriftform (§ 492 Abs. 4 BGB). Gleiches gilt für eine **Vorsorgevollmacht** zur Vermeidung einer Betreuerbestellung (§§ 1904 Abs. 5, 1906 Abs. 5, 1906a Abs. 5 BGB) sowie eine Patientenverfügung mit Weisungen an den Vorsorgebevollmächtigten (§ 1901a Abs. 1 BGB). Zu **beachten** ist, dass nach einem Widerruf der Vollmacht die hierüber erteilte Urkunde **zurückgefordert** werden muss, da sonst im Verhältnis zu Dritten, die vom Erlöschen keine Kenntnis haben, von ihrem Fortbestand auszugehen ist.

Ohne Erteilung einer Vollmacht haftet kein Ehegatte für Verbindlichkeiten des anderen. Nur ausnahmsweise kann er auch ohne Erteilung einer Vollmacht durch Rechtsgeschäfte des anderen verpflichtet werden, wenn er den **Anschein einer Bevollmächtigung** gesetzt hat. Tritt z. B. ein Partner mehrmals für den anderen bei Bestellungen auf, so muss sich dieser das Handeln auch dann zurechnen lassen, wenn er davon zwar nichts weiß, es aber beispielsweise aus der Rechnungsanschrift hätte erkennen können. Ebenso ist die Rechtslage, wenn ein Partner es wissentlich geschehen lässt, dass der andere für ihn wie ein Vertreter auftritt.

b) Welche Rechte gibt die „Schlüsselgewalt"?

Beispiel: Frieda hat vom Geiz ihres Mannes die Nase voll. Einerseits lässt er sie als „Frau eines Ministerialrats" nicht arbeiten, andererseits erinnert er sie bei jeder Anschaffung daran, dass sie gebaut hätten und deshalb sparen müssten. Frieda geht deshalb zum Einkaufen und ersteht einen Kühlschrank für 250 EUR. Stolz über ihren „ersten Schritt zur Emanzipation" kauft sie noch einen Pelzmantel für 14.999 EUR, der in monatlichen Raten à 500 EUR zu bezahlen ist. Als sie ihn am Abend ihrem Mann in Strapsen vorführt, erklärt dieser, er finde den Auftritt albern und komme für ihre Verschwendungssucht nicht auf.

Vom Grundsatz der Vermögenstrennung der Ehegatten und damit auch der nicht bestehenden Mithaftung für Schulden des Partners hat der Gesetzgeber in § 1357 BGB eine wichtige Ausnahme gemacht. Danach ist jeder Ehegatte berechtigt, Geschäfte **zur angemessenen Deckung des Lebensbedarfs** der Familie auch mit Wirkung für den anderen zu besorgen. Die „Schlüsselgewalt", die nach früherem Recht allein der Hausfrau eingeräumt wurde, steht unabhängig von der Rollenverteilung beiden Ehegatten zu. Kauft beispielsweise der alleinverdienende Ehemann eine Spülmaschine, um sich seinen Anteil an der Haushaltsarbeit zu erleichtern, so haftet sein Ehegatte auch dann für den Kaufpreis, wenn dieser aus Gründen des Umweltschutzes gegen die Anschaffung war.

Die Vorschriften über die Schlüsselgewalt gehen in ihren Wirkungen über den Zweck, dem einkommenslosen, haushaltsführenden Partner die Erfüllung seiner Aufgabe zu erleichtern, hinaus. Sie dienen vorrangig dem Schutz der Geschäftspartner, die statt eines Schuldners allein aufgrund des Umstandes, dass es sich um Ehegatten handelt, eine doppelte Sicherheit bekommen. Diese Rechtsfolge tritt sogar unabhängig davon ein, ob der Dritte weiß, dass sein Vertragspartner verheiratet ist. Ein Handeln (auch) im Namen des Ehegatten ist deshalb – anders als bei der Bevollmächtigung – nicht nötig. Vergleicht man die Lage bei einer Doppelverdienerehe mit zwei berufstätigen, unverheirateten Partnern, so erweist sich die Gläubigerbevorzugung als ein durch nichts zu begründendes Ärgernis.

Die Schlüsselgewalt **ruht,** wenn die Ehegatten getrennt leben. Dies ist der Fall, wenn zwischen ihnen keine häusliche Gemeinschaft mehr besteht und zumindest ein Partner sie auch nicht mehr herstellen will. Teilweise wird der Fall gleichgestellt, dass die Partner von vornherein eine gemeinsame Wohnung ablehnen. Die Kenntnis oder Unkenntnis des Vertragspartners von diesen Umständen ist wiederum unerheblich. Ob auch ein Getrenntleben innerhalb der gemeinschaftlichen Wohnung die Schlüsselgewalt ausschließt, ist umstritten. Das Getrenntleben muss sich jedenfalls nach außen manifestieren. Ein bloßer Auszug sowie eine zeitweise Trennung durch eine berufsbedingte Abwesenheit oder einen Krankenhausaufenthalt lassen sie nicht entfallen. Eine bereits entstandene Mitverpflichtung wird durch eine spätere Trennung nicht wieder beseitigt. Dies gilt auch für die sich nach der Trennung aus einem Dauerschuldverhältnis ergebenden Einzelverbindlichkeiten (z. B. Stromlieferung).

c) Welche Geschäfte können aufgrund der „Schlüsselgewalt" geschlossen werden?

Bei einer rechtsgeschäftlichen Bevollmächtigung bestimmt der Vollmachtgeber den Umfang der Vertretungsmacht. Die „Schlüsselgewalt" hat bereits der Gesetzgeber auf die Besorgung von Geschäften zur angemessenen Deckung des Lebensbedarfs der Familie beschränkt. Er war der Auffassung, dass Geschäfte größeren Umfangs, die ohne Schwierigkeiten zurückgestellt werden können, nicht unter diesen Begriff fallen sollen. Gemeint sind somit in erster Linie Haushaltsgeschäfte, wie z. B. die Beschaffung von Lebensmitteln, Kleidungsstücken, Haushaltsgeräten und Einrichtungsgegenständen für die „Familie", ein Telefondienstvertrag für einen Festnetzanschluss, Ausgaben für die Erziehung, den schulischen Bedarf der Kinder (nicht aber ein Nachhilfeunterrichtsvertrag mit Kosten von 345 EUR pro Monat) sowie Verträge über die ärztliche Behandlung und den Kauf von Medikamenten (einschließlich der Antibabypille und von Kondomen) und teilweise auch Geschäfte zur Deckung des Freizeitbedarfs der „Familienmitglieder". Auch Dauerschuldverhältnisse zur Bedarfsdeckung (z. B. Festnetzanschluss, Zeitungsabonnement, Strom- und Gaslieferung, Privatfernsehen) fallen unter die Schlüsselgewalt.

Nicht in den Rahmen der Schlüsselgewalt fallen Grundstückskäufe, der Erwerb von Luxusgegenständen, langfristige Verbindlichkeiten und Kreditverträge, die den Monatslohn des erwerbstätigen Partners übersteigen. Allgemein kann man sagen, dass nur solche Geschäfte von der Schlüsselgewalt gedeckt sind, über deren Abschluss vor ihrer Eingehung eine Verständigung zwischen den Partnern gewöhnlich als nicht notwendig angesehen wird und über die in der Regel auch keine vorherige Abstimmung stattfindet, also insbesondere die üblichen Bargeschäfte des Alltags.

Ob ein Geschäft im Einzelfall der angemessenen Deckung des Lebensbedarfs der „Familie" dient, bestimmt sich nach dem nach außen in Erscheinung tretenden **Lebenszuschnitt** der konkreten „Familie". Leben Ehegatten aufwendiger als üblich, so soll der tatsächliche Lebenszuschnitt als angemessen gelten.

d) Welche Wirkungen hat die Schlüsselgewalt?

Beispiel: Lisa kauft einen Sekretär in einem Antiquitätengeschäft. Er wird von ihr und Hella zur Erledigung der Korrespondenz genutzt. Nach der Trennung pocht Lisa auf ihr Alleineigentum.

Beim Handeln aufgrund einer erteilten Vollmacht wird nur der „Hintermann", in dessen Namen gehandelt wurde, Vertragspartei. Dagegen werden durch Geschäfte, die ein Ehegatte im Rahmen der „Schlüsselgewalt" vornimmt, automatisch beide berechtigt und verpflichtet. Dies bedeutet, dass beide Ehegatten für den Kaufpreis haften. Der Vertragspartner kann ihn zwar nur einmal verlangen, aber auswählen, wen er in Anspruch nehmen will. Der interne Ausgleich ist Sache der Ehegatten. Der gemeinsamen Verpflichtung würde es entsprechen, dass die Ehegatten an angeschafften Gegenständen auch gemeinsames Eigentum erwerben. Die Rechtsprechung geht jedoch nicht davon aus, dass aufgrund der „Schlüsselgewalt" angeschaffte Gegenstände automatisch im Miteigentum beider Partner stehen. Maßgebend sollen vielmehr der Wille des handelnden Partners und seine Einigung mit dem Veräußerer sein. Beim Kauf von Gegenständen für den gemeinsamen Haushalt ist jedoch regelmäßig von dem Willen auszugehen, diese zum Miteigentum beider Ehegatten zu erwerben. Auch der Gesetzgeber geht von einer diesbezüglichen Vermutung bei der Auseinandersetzung der Haushaltsgegenstände im Zusammenhang mit der Scheidung aus (§ 1568 b Abs. 2 BGB). Dies gilt sogar für wertvolle antike Gegenstände, die der Möblierung der gemeinsamen Wohnung dienen.

Wünschen die Ehegatten die Mitberechtigung und Mitverpflichtung nicht, steht es ihnen frei, bei Abschluss des Geschäftes mit dem Vertragspartner etwas anderes zu vereinbaren. Überschreitet der handelnde Partner die Grenzen der Schlüsselgewalt, so haftet ohnehin nur er selbst für die Erfüllung der eingegangenen Verpflichtung.

e) Kann die Schlüsselgewalt vertraglich ausgeschlossen oder beschränkt werden?

Beispiel: Ludwig inseriert im örtlich verbreiteten „Waldboten": „Für Schulden meines Ehemannes Dominik Müller komme ich, Ludwig Müller, ab sofort nicht mehr auf!" Ein Bekannter erklärt ihm, er müsse dies auch beim Amtsgericht in ein „Schuldenregister" eintragen lassen. Dort wird ihm erklärt, er benötige die Zustimmung seines Ehegatten.

Jeder Ehegatte kann die „Schlüsselgewalt" des anderen durch einseitige Erklärung jederzeit ausschließen oder beschränken. Insbesondere ist auch eine betragsmäßige Begrenzung der Handlungsmacht möglich. Allerdings bleibt dadurch die Haftung gegenüber Dritten unberührt. Kauft also der Partner trotz der Beschränkung auf 200 EUR einen Staubsauger für 400 EUR, haftet der Ehegatte für den Kaufpreis. Dies lässt sich nur dadurch ausschließen, dass die Beschränkung oder der Ausschluss in das Güterrechtsregister eingetragen oder bestimmten Vertragspartnern (z. B. einem Großversandhaus) direkt **bekannt gemacht wird.** Durch ein bloßes Zeitungsinserat lässt sich die Kenntnis des Vertragspartners dagegen praktisch kaum nachweisen.

Ist der betroffene Ehegatte mit der die Schlüsselgewalt beschränkenden Maßnahme des anderen nicht einverstanden, kann er beim Familiengericht ihre Aufhebung beantragen, wenn sie ohne ausreichenden Grund erfolgte. War der Ausschluss dagegen berechtigt, kann der Betroffene zwar weiterhin rechtsgeschäftlich handeln, er muss seine vertraglichen Verpflichtungen aber allein erfüllen.

4. Haftung und Verjährung bei Ansprüchen unter Ehegatten

a) Welcher Haftungsmaßstab gilt zwischen Ehegatten?

Beispiel: Frieda ist etwas „schusselig". Moritz liebt sie trotzdem. Das ändert sich schlagartig, als sie glühende Zigarettenasche auf den von ihm geerbten Perserteppich fallen lässt und dadurch ein Loch entsteht. Als sie bei der Fahrt mit seinem neuen Auto auch noch eine rote Ampel übersieht und Moritz durch den daraus resultierenden Zusammenstoß mit einem anderen Pkw ein Schleudertrauma erleidet, will er schon aus pädagogischen Gründen Schadensersatz fordern.

Jeder Ehegatte hat die Angelegenheiten des Partners mit derselben Sorgfalt zu erledigen wie die eigenen. Andererseits soll ein geschädigter Ehegatte seinen Partner, den er mit seinen – zunächst vielleicht sogar als liebenswert empfundenen – Schwächen geheiratet hat, nicht wie einen fremden Dritten für jedes Fehlverhalten verantwortlich machen können. Deshalb enthält § 1359 BGB eine Haftungserleichterung: Ehegatten haben bei der Erfüllung aller sich aus dem ehelichen Verhältnis ergebenden Verpflichtungen nur für diejenige Sorgfalt einzustehen, welche sie **in eigenen Angelegenheiten** anzuwenden pflegen. Für vorsätzliches und grob fahrlässiges Handeln, d. h. wenn einfachste Überlegungen nicht angestellt und nahe liegende Vorsichtsmaßnahmen nicht beachtet werden, wird aber in jedem Fall gehaftet.

Die Haftungsmilderung betrifft nicht nur Pflichtverletzungen im Rahmen der Haushaltsführung, sondern auch bei der Mitarbeit im

Geschäft des Partners und bei der Vermögensverwaltung. Es muss jedoch ein, wenn auch lockerer, Zusammenhang mit dem häuslichen Bereich bestehen. Bei der Beteiligung am Straßenverkehr dürfen Ehegatten auch im Verhältnis zueinander nicht schlampiger sein als außenstehende Dritte; hier verbleibt es bei der Haftung für Verkehrsverstöße.

b) Können Ansprüche gegen den Partner durch die Heirat verloren gehen?

Beispiel: Die hübsche Frieda missachtet die Vorfahrt und beschädigt den Kotflügel von Moritz. Als dieser ihre schönen blauen Augen sieht, kann er ihr nicht mehr böse sein. Sechs Monate später heiraten sie. Als sie sich ein Jahr darauf scheiden lassen, will Moritz die Kosten der Kotflügelreparatur ersetzt haben.

Die engen persönlichen Beziehungen der Ehegatten beeinflussen auch ihre vermögensrechtlichen Verhältnisse. So kann die Geltendmachung vermögensrechtlicher Ansprüche beschränkt oder sogar ausgeschlossen sein, wenn dies das Zusammenleben beeinträchtigen würde. Einem Ehegatten kann aber auch umgekehrt bei einer klageweisen Durchsetzung seiner Ansprüche erst nach der Scheidung entgegengehalten werden, er hätte sich die Weiterverfolgung seiner Ansprüche vorbehalten müssen. Unterlässt er dies, kann nämlich möglicherweise unterstellt werden, dass ein schuldhaftes Fehlverhalten des Partners verziehen wurde und daraus auch später keine Ansprüche mehr hergeleitet würden.

c) Wann verjähren Ansprüche gegen den Ehegatten?

Für **familienrechtliche Ansprüche** gilt keine Sonderverjährung, sondern die dreijährige Regelverjährung (§§ 195, 197 BGB). Betroffen sind beispielsweise Ansprüche aus dem ehelichen Lebensverhältnis, dem Verlöbnis, Ausgleichsansprüche wegen Zuwendungen, Zugewinnausgleichsansprüche und Ansprüche aus dem schuldrechtlichen Versorgungsausgleich.

Nach § 207 Abs. 1 S. 1 BGB ist die Verjährung von Ansprüchen zwischen Ehegatten gehemmt, solange die Ehe besteht. Die **Hemmung** bewirkt, dass die Fristen für die Verjährung ab dem Tag der Eheschließung bis zu deren Scheidung nicht laufen. Die Verjährungsfrist ist somit um die Ehedauer zu verlängern. Diese Regelung dient der Wahrung des Familienfriedens. Der geschädigte Ehegatte soll nicht der Notwendigkeit ausgesetzt sein, während des Bestehens der Ehe gegen den anderen gerichtlich vorgehen zu müssen, um den Verjährungseintritt zu verhindern. Die Vorschrift gilt für **alle** Ansprüche, nicht nur für diejenigen, die sich aus dem ehelichen Verhältnis ergeben. Die Hemmung tritt auch für Ansprüche ein, die bereits vor der Ehe entstanden sind.

5. Eigentumsvermutungen, Schuldenhaftung und Zwangsvollstreckung gegen Ehegatten

a) Was gilt hinsichtlich des Besitzes und der Lastentragung gemeinsam genutzter Gegenstände?

Beispiel: Moritz hat Streit mit seiner Frau Frieda. Da er Alleineigentümer des gemeinsam bewohnten Einfamilienhauses und des Fernsehgeräts ist, droht er Frieda an, sie „vor die Türe zu setzen". Vorerst verbietet er ihr Fernsehsendungen mit Florian Silbereisen, den Frieda besonders gerne sieht.

Bei intakter Ehe hat jeder Partner unabhängig von den Eigentums- und sonstigen Rechtsverhältnissen ein aus dem Wesen der Ehe folgendes **Besitzrecht am Familienheim** und den gemeinsam genutzten **Haushaltsgegenständen.** Dieses familienrechtliche Mitbenutzungsrecht besteht gerade auch dann, wenn das Familienheim im Eigentum nur eines Partners steht oder ein Partner Alleinmieter der Wohnung ist.

Die Lebensgemeinschaft hat auch Bedeutung für die Tragung der Unterhaltskosten gemeinsam benutzter Gegenstände. Entscheidend ist auch hier nicht die sachenrechtliche Zuordnung, sondern der gelebte Ehetyp. Deshalb kann sich aus der Gestaltung der ehelichen Lebensverhältnisse ergeben, dass der alleinverdienende Partner die gesamten Zins- und Tilgungsleistungen für das im Miteigentum stehende Eigenheim tragen muss, während der andere seinen Beitrag zur Lebensgemeinschaft durch die Haushaltsführung und eventuell eine Kinderbetreuung erbringt. Eine Rückerstattung kommt auch bei einem späteren Scheitern der Ehe nicht in Betracht.

Bei einer **Mietwohnung** hat der Gesetzgeber dem überlebenden Ehegatten beim Tode seines Partners einen Bestandsschutz gewährt: Sind beide Partner Mieter, wird das Mietverhältnis mit dem Überlebenden fortgesetzt (§ 563 a BGB). Ist nur ein Ehegatte Mieter, tritt bei seinem Tod der andere, der mit ihm einen gemeinsamen Haushalt führt, in das Mietverhältnis ein. Das Eintrittsrecht besteht vorrangig vor dem diesbezüglichen Recht anderer Angehöriger (z. B. Kinder). Haben die Ehegatten beim Erbfall getrennt gelebt, tritt der überlebende Partner nicht in das Mietverhältnis ein, auch wenn er sporadisch (z. B. für Versöhnungsversuche) in der Wohnung lebte. Der Eintritt erfolgt unabhängig davon, ob der überlebende Partner Erbe wird oder nicht (§ 563 BGB).

b) Wie regelt das Gesetz die Eigentumsverhältnisse zwischen den Ehegatten?

Beispiel: Moritz ist Jurist, seine Frau Frieda Ärztin. Während der Ehe hat Moritz von dem gemeinsamen Haushaltsgeld einen Blue-ray-Player gekauft. Als Moritz Fußball und Frieda Terra X aufzeichnen wollen, streiten sie über die Eigentumsverhältnisse. Moritz meint, dass ein technisches Gerät ihm ebenso allein gehören müsste wie seine juristischen Bücher, Frieda könne den Recorder gar nicht anschließen und nur für Aufzeichnungen bedienen.

Bei **beweglichen Sachen** sind die Eigentumsverhältnisse oft unklar, da sich die Ehegatten bei ihrem Erwerb hierüber keine Gedanken zu machen pflegen. Außerdem erfolgt ihre Benutzung ohnehin unabhängig von den Eigentumsverhältnissen. Werden Haushaltsgegenstände im Rahmen der „Schlüsselgewalt“ durch einen Ehegatten angeschafft, so stehen diese nicht automatisch im hälftigen Miteigentum beider Partner. Ob nur der handelnde Ehegatte Eigentum erwirbt oder beide Miteigentum, hängt von der Vereinbarung mit dem Veräußerer ab. Diesem ist es meist gleichgültig, wer Eigentümer wird. Erklärt der handelnde Partner seinerseits nicht ausdrücklich etwas anderes, so werden beim Erwerb von Haushaltsgegenständen beide Ehegatten Miteigentümer. Dies ist bei gemeinsamer Anschaffung ohnehin der Regelfall.

Für die **ausschließlich zum persönlichen Gebrauch** eines Ehegatten bestimmten Sachen stellt das Gesetz (§ 1362 Abs. 2 BGB) die Vermutung auf, dass sie demjenigen Ehegatten gehören, für dessen Gebrauch sie bestimmt sind. Diese Vermutung gilt sowohl für das Verhältnis der Ehegatten zueinander als auch gegenüber Gläubigern. Unter diese Bestimmung fallen Kleidungsstücke, Schmucksachen und die der Berufsausübung dienenden Gegenstände, nicht aber ein von beiden Partnern benutzter CD- oder Blue-ray-Player.

c) Können Gegenstände eines Ehegatten wegen Schulden des anderen gepfändet werden?

Beispiel: Frieda zahlt ihre Schulden nicht. Der Gerichtsvollzieher klebt den „Kuckuck" auf die im Alleineigentum von Moritz stehende Hifi-Anlage und ein wertvolles juristisches Buch. Dieser weist darauf hin, dass im gesetzlichen Güterstand kein Ehegatte für Schulden des anderen hafte und beide Gegenstände ihm gehörten.

Für den Gläubiger eines Ehegatten ist es praktisch unmöglich nachzuweisen, ob ein Gegenstand, der sich in der Ehewohnung befindet, dem einen oder dem anderen Ehegatten gehört. Zu seinen Gunsten wird deshalb vermutet, dass die im Besitz eines oder beider Ehegatten befindlichen Sachen gerade dem Ehegatten gehören, der bei ihm Schulden hat (§ 1362 BGB). Dies gilt **nicht mehr** beim Getrenntleben und für die ausschließlich zum persönlichen Gebrauch eines Ehegatten bestimmten Sachen (wie hier dem juristischen Fachbuch). Der Gerichtsvollzieher darf eine Sache auch dann pfänden und wegnehmen, wenn sie sich im Alleinbesitz eines oder im Mitbesitz beider Ehegatten befindet (§ 739 ZPO). Will der nicht schuldende Partner gegen die Pfändung einer ihm gehörenden Sache vorgehen, so muss er Klage erheben und beweisen, dass er Eigentümer ist. Kann er nachweisen, dass er den gepfändeten Gegenstand bereits vor der Ehe besaß, wird sein Eigentum vermutet. Im Übrigen kann es hilfreich sein, ein **schriftliches Vermögensverzeichnis aufzustel-**

len, bei Bedarf zu ergänzen und die Unterschriften beider Ehegatten von einem Notar **beglaubigen** zu lassen. Dadurch wird dem Gläubiger der Einwand abgeschnitten, das Verzeichnis sei erst nachträglich aufgestellt und rückdatiert worden.

d) Muss ein Ehegatte für Bankschulden mithaften?

Beispiel: Moritz möchte einen Bankkredit aufnehmen. Der freundliche Bankangestellte erklärt seiner Ehefrau Frieda, ihre Unterschrift sei ebenfalls erforderlich. Frieda möchte nicht mit unterschreiben und auch keine Bürgschaft übernehmen. Der Bankangestellte zweifelt an Friedas Liebe, da ohnehin alles „mehr oder weniger nur Formsache" sei. Frieda, die die gemeinsamen Kinder betreut, unterschreibt. Als Moritz nicht mehr zahlen kann, soll Frieda mit der zwischenzeitlich von ihren Eltern geerbten Eigentumswohnung haften.

Kraft Gesetzes haftet kein Ehegatte – außer bei Rechtsgeschäften im Rahmen der Schlüsselgewalt (vgl. S. 49 ff.) – für Schulden des anderen. Allerdings fordern Kreditinstitute regelmäßig die Mithaftung des Partners. Dadurch haben sie zwei und nicht nur einen Schuldner. Gleichzeitig schützen sie sich auf diese Weise vor Vermögensverschiebungen zwischen den Ehegatten. Überträgt nämlich beispielsweise ein Partner sein unbelastetes Ferienhaus auf den anderen, so können seine Gläubiger vier Jahre nach der Eigentumsumschreibung nicht mehr darauf zugreifen und gehen möglicherweise leer aus. Diese Übertragung nützt allerdings nichts, wenn sie erst kurz vor der „Pleite" erfolgt. Dann können derartige Vermögensverlagerungen sogar strafbar sein. Hat die Bank eine im Grundbuch eingetragene Hypothek oder Grundschuld auf der Immobilie, ist sie ohnehin unabhängig von den Eigentumsverhältnissen gesichert. Die geforderte Mithaftung dient somit dazu, dass das Gesamtvermögen beider Ehegatten als Haftungsmasse zur Verfügung steht. Die Gerichte haben das Interesse von Kreditinstituten, sich vor Vermögensverlagerungen unter Ehegatten zu schützen, als Grund für eine Mithaftung oder Bürgschaftsübernahme auch bei einem **einkommens- und vermögenslosen Partner** grundsätzlich anerkannt. Allerdings muss dieser beschränkte Zweck auch inhaltlich in der Bürgschaft oder Mithaftungsabrede seinen Niederschlag finden. Zudem besteht zugunsten des betroffenen Partners bei einer krassen finanziellen Überforderung nach der Rechtsprechung eine Vermutung dafür, dass er sich zur Übernahme einer ruinösen Mithaftungserklärung nur wegen der emotionalen Beziehung zum Hauptschuldner bereit erklärt und dies das Kreditinstitut in sittlich anstößiger Weise ausgenutzt hat. Eine krasse finanzielle Überforderung ist zu bejahen, wenn der Betroffene voraussichtlich nicht einmal die laufenden Zinsen der von ihm übernommenen Mitschuld oder Bürgschaftssumme aufzubringen vermag. Sie scheidet dagegen aus, wenn die Schuld des Bürgen durch den Wert eines ihm gehörenden Grundstücks gedeckt ist. Anders ist dies, wenn der Grundstückswert bereits durch bestehende Grundpfanddarlehen gemindert ist. Eine anderweitige Sicherheit schließt eine Sittenwidrigkeit wegen der finanziellen Überforderung nur aus, wenn durch sie gewährleistet ist, dass den betroffenen Ehegatten allenfalls eine seine Finanzkraft nicht übersteigende „Ausfallhaftung" trifft. Die Möglichkeit einer insolvenzrechtlichen Restschuldbefreiung ändert ebenfalls nichts an der Sittenwidrigkeit ruinöser Bürgschaften oder Schuldbeitritte finanzschwacher Ehepartner. Diese komplizierte Rechtsprechung zeigt, dass sich Partner nicht auf die Hilfe der Gerichte verlassen sollten. Besser ist es, von vornherein die Finger von riskanten Krediten zu lassen.

6. Kinder in der Ehe

a) Wie funktioniert die Empfängnisverhütung (rechtlich)?

Beispiel: Moritz und Frieda wollen keine Kinder. Moritz hasst Kondome, Frieda die Pille. Sie einigen sich auf die Spirale. Als Frieda ihre Einstellung zu Kindern ändert, lässt sie sich die Spirale entfernen, unterrichtet Moritz davon nicht und wird schwanger. Der werdende Vater fühlt sich „ganz schön reingelegt" und möchte keinesfalls Unterhalt für das Kind bezahlen.

Die Entscheidung für oder gegen Kinder und damit auch über die Einnahme empfängnisverhütender Mittel betrifft den engsten Kern der Persönlichkeit. Partner, die miteinander Geschlechtsverkehr haben, müssen sich immer wieder frei für ein Kind entscheiden können. Aus diesem Grund ist eine bindende Verpflichtung zur regelmäßigen Anwendung eines Empfängnisverhütungsmittels nach der Rechtsprechung ohne Wirkungen. Wenn ein Partner zur Mitwirkung bei der **Empfängnisverhütung** nicht mehr bereit ist, kann daraus auch dann kein Schadensersatzanspruch hergeleitet werden, wenn er seine Sinnesänderung dem anderen nicht mitteilt. Auch die Einnahme der „Pille danach" und eine (legale) Abtreibung kann der Partner nicht fordern.

b) Ungewollte Kinderlosigkeit und moderne Fortpflanzungsmedizin

Beispiele: Moritz und Frieda wünschen sich sehnlichst ein Kind. Eine Untersuchung ergibt, dass Moritz zeugungsunfähig ist. Nach ärztlicher Beratung entscheiden sich Moritz und Frieda für eine künstliche Befruchtung Friedas mit dem Sperma eines anonymen Spenders aus einer Samenbank. Als Bastian geboren wird, lernt Moritz Gerda kennen. Er möchte für Bastian keinen Unterhalt bezahlen und ficht die Vaterschaft an, obwohl er eine Erklärung mit einem diesbezüglichen Verzicht unterzeichnet hat.
Gabi und Uschi wünschen sich ein gemeinsames Kind. Als Tina, die mittels einer Samenspende gezeugt wurde, zur Welt kommt, ist Uschi noch überglücklich und möchte als Mitmutter in der Geburtsurkunde genannt werden. Der Standesbeamte lehnt dies ab. Als Uschi nach zwei Jahren Dagmar kennen und lieben lernt, ist sie froh darüber und möchte für Tina auch keinen Unterhalt mehr bezahlen.
Jens und Ludwig haben in Kalifornien (USA) unter Vermittlung einer Agentur mit einer Frau eine Leihmutterschaftsvereinbarung geschlossen. Danach sollte die Leihmutter für die beiden ein mit einer anonym gespendeten Eizelle und den Spermien von Jens gezeugtes Kind austragen, dessen alleinige Eltern Jens und Ludwig sein sollten. Diese wurden von einem Gericht in Kalifornien als Eltern des Kindes bereits vor dessen Geburt festgestellt. Der Standesbeamte in Berlin hat die Eintragung des Kindes als gemeinschaftliches Kind von Jens und Ludwig abgelehnt.

Die Zahl der Paare, die sich Kinder wünschen, aber nach einiger Zeit immer noch keine bekommen, hat in den letzten Jahren stark zugenommen. Führt eine gezielte Familienplanung nicht zum Erfolg, kann die moderne Fortpflanzungsmedizin helfen. Rechtlich problemlos ist die homologe Insemination, bei der eine Eizelle der Ehefrau mit dem Samen des Ehemannes entweder im Mutterleib oder im Reagenzglas befruchtet wird. Juristisch wird dieser Vorgang dem Geschlechtsverkehr gleichgestellt. Unzulässig sind dagegen in Deutschland die **Eiübertragung,** d. h. die Einpflanzung einer unbefruchteten Eizelle einer anderen Frau (Eispenderin), sowie die **Leihmutterschaft,** d. h. die Implantierung der im Reagenzglas mit dem Samen des Ehemannes befruchteten Eizelle der Ehefrau in die Gebärmutter einer fremden Frau, die sodann das Kind für die biologischen Eltern austrägt. Gleiches gilt für die Ersatzmutterschaft, bei der eine Frau mit dem Sperma eines Mannes ein Kind zeugt, für die „Eltern“ austrägt und nach der Geburt an diese abgibt. Ob auch eine **Embryonenspende,** d. h. die Zurverfügungstellung nach erfolgreicher Kinderwunsch-Behandlung übriger befruchteter Eizellen, verboten ist, ist umstritten. Allerdings existieren weltweit keine einheitlichen Verbotsgesetze. Die in Deutschland nicht erlaubten Methoden werden deshalb bereits in Nachbarstaaten und in einzelnen Staaten der USA mitunter durchgeführt. Für die Anerkennung in Deutschland kommt es nicht auf die innerstaatlichen Verbotsnormen, sondern das Kindeswohl an; dem Kind steht ein Recht auf rechtliche Zuordnung zu beiden Wunsch- bzw. Bestelleltern zu.

Die heterologe **Insemination,** bei der die Eizelle der Ehefrau mit dem Samen eines fremden Mannes befruchtet wird, führt zur rechtlichen Elternschaft des Ehemannes der Mutter. Der Mann und die Mutter, die auf diese Weise gemeinsam ein Kind haben wollten, können später nicht ihre Elternschaft anfechten (§ 1600 Abs. 4 BGB). Der „rechtliche“ Vater ist dem Kind – neben der Mutter – unterhaltspflichtig. Diese Unterhaltspflicht überdauert auch eine Ehescheidung. Ist das Kind mittels einer Samenspende aus einer anerkannten Samenbank durch eine ärztlich vorgenommene künstliche Befruchtung ab dem 1. Juli 2018 gezeugt worden, kann der Samenspender nicht als Vater festgestellt werden (§ 1600d Abs. 4 BGB). Anders ist dies auf Antrag des Kindes für vor diesem Zeitpunkt vorgenommene Samenspenden und für nach dem 1. Juli 2018 privat vorgenommene Samenspenden (sog. Becherspenden).

Der „biologische“ Vater, der nicht bloßer Samenspender in einer zugelassenen Einrichtung ist, hat nur ausnahmsweise ein Anfechtungsrecht, wenn die rechtlichen Eltern mit dem Kind keine soziale Familie bilden.

Die vorstehenden Probleme der späteren Anfechtung und der Unterhaltspflicht stellen sich auch in anderen Fällen des Auseinanderfallens sozialer und biologischer Elternschaft. Beispiele hierfür sind der durch den Ehepartner oder die Ehepartnerin genehmigte Geschlechtsverkehr der Frau mit einem (anderen) Mann und die Verhinderung einer rechtlich zulässigen Abtreibung, um auf diese Weise jeweils den Kinderwunsch zu erfüllen. Zu diesen Fällen liegen noch keine Gerichtsentscheidungen vor. Im Fall einer unwirksamen Adoption im Ausland und bei der Einwilligung in eine heterologe Insemination vor Inkrafttreten des Samenspenderregistergesetzes (SaRegG) am 1. Juli 2018 ist eine **Unterhaltspflicht** des einwilligenden Elternteils gegenüber dem Kind bejaht worden, solange dieses nicht selbst die Feststellung des Nichtbestehens der Elternschaft betreibt.

Während die rechtliche Vaterschaft des Ehemanns der Mutter eines Kindes automatisch eintritt, auch wenn er nicht biologischer Vater des Kindes ist (§ 1592 Nr. 1 BGB), gilt dies nicht in gleicher Weise für Wunschkinder gleichgeschlechtlicher Ehegatten. Deshalb wird die Ehefrau der ein Kind gebärenden Ehepartnerin nicht **Mit-Elternteil** des Kindes, auch wenn beide die Elternschaft übernehmen wollten. Eine gemeinsame Elternschaft ist nur im Wege einer Stiefkindadoption möglich. Dagegen können gleichgeschlechtliche Ehepaare Kinder gemeinsam adoptieren; eingetragenen Lebenspartnern war dies nach der aber verfassungswidrigen Rechtslage lange Zeit nur mittels einer Sukzessivadoption, die kurz hintereinander ausgesprochen werden konnte, möglich.

c) Voreheliche gemeinsame Kinder

Beispiel: Moritz und Frieda wollen aus Liebe heiraten und nicht deshalb, weil „sie müssen". Deshalb schließen sie erst nach der Geburt ihres Sohnes Bastian den Bund fürs Leben. Frieda möchte allerdings nunmehr, dass die Ehelichkeit ihres Sohnes festgestellt wird.

Eine personenstandsrechtliche Unterscheidung zwischen ehelichen und nichtehelichen Kindern gibt es nicht mehr. Eine Legitimation durch spätere Eheschließung existiert ebenfalls nicht mehr. Eine spätere Eheschließung führt nicht automatisch dazu, dass der Ehemann rechtlicher Vater des vor der Ehe geborenen Kindes wird, dessen biologischer Vater er ist. Er muss vielmehr die Vaterschaft trotz Eheschließung anerkennen. Anders ist dies, wenn die Eltern (kurz) vor der Geburt noch (schnell) heiraten.

d) Elterliche Sorge und Umgangsrecht bei gemeinsamen Kindern

Beispiel: Moritz ist der Ansicht, Ohrfeigen würden im Rahmen der Erziehung nicht schaden. Frieda unterstützt diese Erziehungsmethode.

Die elterliche Sorge für ihre minderjährigen Kinder haben verheiratete Eltern gemeinsam. Die elterliche Sorge ist in erster Linie eine im Interesse des minderjährigen Kindes liegende Schutzpflicht. Sie bezieht sich umfassend auf die **Person** und das **Vermögen** minderjähriger Kinder. Die Eltern sorgen für die Pflege des Kindes und seine Erziehung. Wahl und Förderung von Schul- und Berufsausbildung sind hiervon betroffen. Auch die religiöse Erziehung bis zur Vollendung des 14. bzw. bei einem Wechsel des Bekenntnisses bis zur Vollendung des 12. Lebensjahres gehört hierzu. Die Eltern haben das Recht und die Pflicht, das Kind zu beaufsichtigen, seinen Aufenthalt zu bestimmen und über den Umgang mit Dritten zu befinden. Kinder haben ein Recht auf gewaltfreie Erziehung. Körperliche Bestrafungen, seelische Verletzungen und andere entwürdigende Maßnahmen sind unzulässig. Die Eltern verwalten die dem Kind gehörigen wirtschaftlichen Güter in seinem Interesse. Sie vertreten das Kind gemeinschaftlich. Ein Elternteil vertritt das Kind allerdings bei Eil- und Notmaßnahmen sowie bei Alltagsbesorgungen minderer Bedeutung allein. Zu einer Reihe von Geschäften, die für besonders wichtig oder riskant gehalten werden, bedürfen sie der Genehmigung des Familiengerichts (z. B. Grundstücksgeschäfte, Aufnahme von Geldkrediten, Eingehung einer Bürgschaft, Betrieb eines Erwerbsgeschäftes etc.). Die Haftung für Verbindlichkeiten, die Eltern für das Kind begründet haben, beschränkt sich auf den Bestand des bei Eintritt der Volljährigkeit vorhandenen Vermögens des Kindes.

Während früher durch das Umgangsrecht dem nichtsorgeberechtigten Elternteil die Möglichkeit gegeben werden sollte, sein Kind zu sehen, haben nunmehr beide Eltern eine Pflicht zum Umgang mit ihrem Kind. Über Dauer und Häufigkeit der Umgangskontakte kann nur unter Beachtung der Wünsche des Kindes, seines Wohls und seines Alters entschieden werden. Ein Umgangsrecht besteht auch in Form von Briefwechseln, Telefongesprächen und modernen Kommunikationsmitteln. Auch Großeltern, Geschwistern sowie Ehegatten oder früheren Ehegatten bzw. Lebenspartnern oder früheren Lebenspartnern, die mit dem Kind längere Zeit in häuslicher Gemeinschaft gelebt haben, steht ein Umgangsrecht mit dem Kind zu. Die Verletzung des Rechts auf Gewährung von Umgang aus einer Umgangsvereinbarung kann zum Schadensersatz verpflichten.

e) Stiefkinderliche Behandlung von Stiefkindern?

Für von einem Partner in die Ehe eingebrachte Kinder steht das **Sorgerecht** zunächst nur dem rechtlichen Elternteil zu; der Stiefelternteil erwirbt nicht mit dem „Ja“ beim Standesamt das Sorgerecht. Ist der Ehe- bzw. Lebenspartner allein sorgeberechtigt, kann der Stiefelternteil in Einvernehmen mit ihm ein Mitentscheidungsrecht in Angelegenheiten des täglichen Lebens des Kindes erhalten (sog. **kleines Sorgerecht**). Bei Gefahr im Verzug steht ihm ein Notvertretungsrecht zu. Beim Tod des Elternteils erhält normalerweise der andere das Sorgerecht; der Stiefelternteil kann nur als Vormund benannt werden, wenn beide Eltern verstorben sind oder die elterliche Sorge des überlebenden Elternteils nicht dem Wohl des Kindes entspricht. Andernfalls kann dem Stiefelternteil nur die Vermögenssorge für das vom verstorbenen Elternteil geerbte Vermögen übertragen werden. Gegen ein Herausgabeverlangen des sorgeberechtigten überlebenden Elternteils kann das Kind, das längere Zeit mit dem sorgeberechtigten Elternteil, dessen Ehegatten, dessen Lebenspartner oder einem volljährigen Umgangsberechtigten gelebt hat, durch eine gerichtliche Verbleibensanordnung geschützt werden.

Adoptiert der Stiefelternteil das Kind seines Partners, so wird es gemeinschaftliches Kind der Ehegatten bzw. Lebenspartner. Zudem ist eine **Annahme** nicht gegen den Willen des anderen leiblichen Elternteils zulässig. Nur bei tief greifenden Störungen der Eltern-Kind-Beziehung kann eine Ersetzung der verweigerten Einwilligung durch das Familiengericht erfolgen.

Heiratet eine Frau oder ein Mann eine andere Person als den anderen Elternteil des eigenen Kindes, so kann sich dadurch eine Namensungleichheit zwischen Mutter bzw. Vater und Kind ergeben. Dem kann durch Einbenennung (§ 1618 BGB) des Kindes abgeholfen werden (sog. **Stiefeltern-Einbenennung).** Sie erfolgt durch öffentlich beglaubigte Erklärung gegenüber dem Standesbeamten und bedarf der Einwilligung des Kindes, wenn dieses das fünfte Lebensjahr vollendet hat. Ferner ist die Einwilligung des anderen Elternteils erforderlich, wenn das Kind bisher seinen Namen führt oder wenn ihm die elterliche Sorge gemeinsam mit dem den Namen erteilenden Elternteil zusteht.

f) Wie viel Kindergeld gibt es?

Eltern erhalten für zu berücksichtigende Kinder zunächst monatlich **Kindergeld.** Es beträgt zur Zeit monatlich für das erste und zweite Kind je 204 EUR, für das dritte Kind 210 EUR und ab dem vierten Kind 235 EUR. Es wird in der Regel nur bis zur Vollendung des 18. Lebensjahres bezahlt. Für arbeitslose und für in Berufsausbildung befindliche Kinder gelten höhere Altersgrenzen von 21 bzw. 25 Jahren; dies gilt u. a. auch bei einem freiwilligen sozialen oder ökologischen Jahr und einem Freiwilligendienst. Im Rahmen der Einkommensteuerveranlagung nimmt das Finanzamt eine „Günstigerprüfung“ vor. Es prüft von Amts wegen, ob das Kindergeld den Steuervorteil, der sich bei Gewährung der Freibeträge ergibt, übersteigt. Der Kinderfreibetrag beträgt mit dem Betreuungsfreibetrag pro Kind zurzeit 3.810 EUR (ab 2020: 3.906 EUR); er verdoppelt sich bei zusammenlebenden Ehegatten. Das schon bezogene Kindergeld wird der Einkommensteuer hinzugerechnet.

7. Familienunterhalt

Die eheliche Solidarität gebietet es, dass die Ehegatten durch ihre Arbeit und mit ihrem Vermögen die Familie angemessen unterhalten (§ 1360 BGB). Die Ehegatten sind in Notfällen gehalten, alle verfügbaren Mittel miteinander und mit den Kindern zu teilen (§ 1603 Abs. 2 BGB).

a) Welche Personen sind unterhaltsberechtigt?

Beispiel: Frau Müller erhält von ihrem Mann für sich und die beiden gemeinschaftlichen Kinder ein Haushaltsgeld, für ihren vorehelichen Sohn Siegfried, der mit in den Haushalt aufgenommen ist, will er jedoch nicht zahlen. Er meint, dafür müsse sein „Erzeuger" aufkommen.

Der Ehegattenunterhalt ist nicht auf die Bedürfnisse der Ehegatten beschränkt. Geschuldet ist ein Beitrag zum Unterhalt der „Familie". Zu ihr gehören die im Haushalt lebenden gemeinsamen Kinder. Dagegen kann ein Ehegatte nicht vom anderen verlangen, dass dieser auch für Kinder aus erster Ehe oder voreheliche Kinder Unterhalt leistet. Um diese nicht zu den sprichwörtlichen „Stiefkindern" werden zu lassen, wenn der eigene Elternteil über keine Einkünfte verfügt oder keine Zeit zur Betreuung hat, sind – auch stillschweigend praktizierte – Abreden über ihre Versorgung möglich. Den Unterhalt für die gemeinsamen Kinder kann ein Elternteil vom anderen verlangen. Daneben bestehen eigene Unterhaltsansprüche der Kinder. Häufig übersehen, aber bei einer Pflegebedürftigkeit von großer Bedeutung sind die Unterhaltsansprüche hilfsbedürftiger Eltern gegen ihre Kinder. Die Einzelheiten regeln die §§ 1601 ff. BGB. Eine Unterhaltspflicht besteht danach nur unter **Verwandten in gerader Linie,** d. h. solchen, die voneinander abstammen, also nicht zwischen Geschwistern und nicht gegenüber Onkeln und Tanten. Keine unmittelbare Haftung besteht zwischen Schwiegerkindern und Schwiegereltern. Allerdings kann das eigene Kind bei guten wirtschaftlichen Verhältnissen seines Ehegatten selbst leistungsfähig sein, was es ohne Partner nicht wäre. Der Unterhaltsberechtigte muss **bedürftig,** der Inanspruchgenommene **leistungsfähig** sein. Zum Unterhalt werden zunächst der Ehegatte oder eingetragene Lebenspartner, dann Abkömmlinge und zuletzt Verwandte aufsteigender Linie, also Eltern, Großeltern etc., herangezogen. Enkelkinder müssen bei der Sozialhilfe nicht für ihre Großeltern aufkommen.

Großeltern für ihre Enkel schon. Mehrere Unterhaltspflichtige haften anteilig nach ihren Erwerbs- und Vermögensverhältnissen.

b) Was umfasst die Unterhaltspflicht?

Beispiel: Moritz fordert von Frieda genaue Rechenschaft über die von ihr für den Haushalt verbrauchten Gelder. Frieda meint, ihr stünde mindestens ein Viertel seines Nettoeinkommens zur freien Verfügung zu.

Der gesetzlich geschuldete angemessene Unterhalt umfasst alles, was nach den Verhältnissen der Partner erforderlich ist, um die Kosten des Haushalts zu bestreiten und die persönlichen Bedürfnisse der Ehegatten und den Lebensbedarf etwaiger gemeinsamer unterhaltsberechtigter Kinder zu befriedigen. Hierzu gehören etwa die Kosten für die Nahrungsmittel, die Wohnung und deren Einrichtung, die Kleidung, kulturelle Bedürfnisse, den Urlaub, die Kranken- und Altersversorgung usw. Aber auch die Kosten für einen Rechtsstreit in persönlichen Angelegenheiten, z. B. über ein Schmerzensgeld, sind vorzuschießen. Der geschuldete Unterhalt wird durch die Zahlung von Haushaltsgeld und – vom nicht erwerbstätigen Partner – durch die Haushaltsführung erbracht. Daneben steht jedem Ehegatten ein **Taschengeld** zu, über das er, ohne dem anderen Partner Rechenschaft geben zu müssen, frei verfügen kann. Ein Anspruch gegen den anderen Partner auf Zahlung eines Taschengeldes besteht jedoch nur, wenn und soweit die eigenen Einkünfte niedriger als das angemessene Taschengeld sind. Seine Höhe richtet sich nach dem Vermögen, dem Einkommen und dem Lebensstil der Ehegatten und beträgt etwa fünf bis sieben Prozent des verfügbaren gemeinsamen Nettoeinkommens. Es handelt sich um einen auf Geld gerichteten Zahlungsanspruch. Gläubiger eines Ehegatten können diesen Taschengeldanspruch wohl nur ausnahmsweise pfänden, wenn die Pfändung der Billigkeit entspricht (§ 850 b Abs. 2 ZPO). Jedenfalls müssen dem Partner mindestens 3/10 verbleiben. Ein Taschengeldanspruch scheidet aus, wenn das Gesamteinkommen nur zur Deckung des notwendigen Bedarfs der Familienmitglieder ausreicht.

c) Welche Unterhaltsansprüche bestehen zwischen getrennt lebenden Ehegatten?

Beispiele: Moritz und Frieda geben ihrer Ehe keine Chance mehr und wollen sich scheiden lassen. Frieda hat bisher den Haushalt versorgt. Moritz ist der Ansicht, nun müsse sie wieder Geld verdienen.
Auch Ludwig und Klaus haben sich getrennt. Ludwig möchte keinen Unterhalt bezahlen, da Klaus bei Eheschließung bereits aidskrank war.

Auch bei Getrenntleben kann ein Ehegatte von dem anderen den nach den Lebens-, Erwerbs- und Vermögensverhältnissen angemessenen Unterhalt verlangen. Dabei kann der nicht erwerbstätige Ehegatte nur dann darauf verwiesen werden, seinen Unterhalt durch eine Erwerbstätigkeit selbst zu verdienen, wenn dies von ihm nach seinen persönlichen Verhältnissen, insbesondere wegen einer früheren Erwerbstätigkeit unter Berücksichtigung der Dauer der Ehe und nach den wirtschaftlichen Verhältnissen der Ehegatten erwartet werden kann (§ 1361 BGB). Die Hausfrau, die vor der Trennung längere Zeit nicht berufstätig war, soll grundsätzlich nicht sofort wieder arbeiten müssen. Sie darf so weiterleben wie bisher. Dauert die Trennung längere Zeit, etwa ein Jahr, trifft aber auch sie eine Erwerbsobliegenheit. Gleiches gilt für den nicht erwerbstätigten (haushaltsführenden) gleichgeschlechtlichen Ehepartner.

8. Der Geburts-, Ehe- und Kindesname

a) Welche Wahlmöglichkeiten hinsichtlich ihres Namens haben Ehegatten?

Beispiele: Frau Frei und Herr Müller lieben sich, aber jeder von ihnen möchte seinen Namen behalten. Auf ihre dementsprechende Erklärung meint der Standesbeamte, dann würden sie eben „Müller" heißen.
Frau Seedorfer-Feuerbach und Herr Löwental haben ebenfalls Probleme bei der Namensbildung. Die gemeinsamen Kinder sollen auf jeden Fall Löwental-Seedorfer-Feuerbach heißen.
Ludwig von Weißenstein, geb. Hinterhuber, und Klaus Katzdobler heiraten. Als gemeinsamen Namen wählen sie „von Weißenstein".

Äußeres Zeichen der durch die Heirat geschaffenen Einheit der Ehegatten ist ihr gemeinsamer Name, der sogenannte **Ehename** (§ 1355 Abs. 1 BGB). Dieser Name wird auch der Geburtsname der Kinder (§ 1616 BGB). Welcher Name zum Zu- oder Nachnamen wird, wie man ihn meist bezeichnet, bestimmen die Partner durch gemeinsame Erklärung gegenüber dem Standesamt. Die getroffene Namenswahl ist ab Eheschließung **unwiderruflich.** Das Wahlrecht der Partner besteht zwischen den Geburtsnamen und den zur Zeit der Erklärung über den gemeinsamen Namen geführten Namen beider Partner. Geburtsname kann auch ein durch Adoption erworbener Name sein. Auch ein Name aus einer früheren Ehe (sog. erheirateter Name) oder Lebenspartnerschaft kann deshalb zum Ehenamen bestimmt werden. Ihre königliche Hoheit Prinzessin Esmeralda zu Hohenberg, geborene Hinterhuber, kann deshalb ihren zweiten Mann durch Eheschließung zur königlichen Hoheit machen. Die Ehegatten können aber keinen aus den Namen beider Partner gebildeten Doppelnamen zum Ehenamen bestimmen.

Bestimmen die Ehegatten bei der Eheschließung keinen gemeinsamen Namen, so führen sie ihren zur Zeit der Eheschließung geführten Namen auch danach weiter. Allerdings kann die Erklärung über den gemeinsamen Namen noch später **nachgeholt** werden.

Der Partner, dessen Name nicht gemeinsamer Name wird, kann seinen Geburtsnamen oder den von ihm zur Zeit der Bestimmung des Ehenamens geführten Namen, also auch den Namen aus einer früheren Ehe oder Lebenspartnerschaft, dem gemeinsamen Namen voranstellen oder anfügen. Er erhält damit einen Doppelnamen, z. B. Frei-Müller. Besteht der hinzuzufügende Name aus mehreren Namen, kann nur einer dieser Namen vorangestellt oder angefügt werden. Handelt es sich beim Ehenamen bereits um einen Doppelnamen, so kann ein Begleitname nicht vorangestellt oder angefügt werden. Erforderlich für die Führung eines Begleitnamens ist eine öffentlich beglaubigte Erklärung gegenüber dem Standesamt. Sie ist auch nach der Eheschließung noch möglich. Der vorangestellte oder angefügte sogenannte Begleitname wird nicht Name der Kinder, sondern bleibt persönlicher Namenszusatz des betreffenden Ehegatten. Deshalb kann er auch später die Erklärung über die Hinzufügung des Begleitnamens widerrufen. Eine nochmalige „Umkehr" ist allerdings nicht möglich. Auch eine Umkehrung der Reihenfolge von Ehename und Begleitname ist nicht zulässig.

b) Welchen Namen führen der verwitwete oder geschiedene Ehegatte?

Beispiel: Frau Müller, geborene Frei, verwitwete Hinterhuber, möchte nach der Scheidung von Herrn Müller wieder Hinterhuber heißen. Ihr wird die Auskunft gegeben, sie könne nur zwischen „Müller" und „Frei" wählen.

Der verwitwete oder geschiedene Ehegatte behält den gemeinsamen Namen. Er kann allerdings durch öffentlich beglaubigte Erklärung gegenüber dem Standesamt seinen Geburtsnamen oder den Namen, den er bis zur Ehenamensbestimmung geführt hatte, also auch den Namen aus einer früheren Ehe oder Lebenspartnerschaft wieder annehmen. Es ist aber nicht möglich, dass ein Ehegatte einen Namen aus einer früheren Ehe wählt, den er bereits abgelegt hatte. Hieß Frau Müller bei Ehenamensbestimmung Frei, kann sie nur diesen Namen wählen, hieß sie Hinterhuber, hat sie die Wahl zwischen „Hinterhuber" und „Frei". Die Namenswahl kann später nicht mehr widerrufen werden.

Dem verwitweten oder geschiedenen Ehegatten bleibt es unbenommen, dem beibehaltenen Ehenamen seinen Geburtsnamen oder den zur Zeit der Bestimmung des Ehenamens geführten Namen voranzustellen oder anzufügen. Der so gebildete Doppelname kann sogar Name in einer neuen Ehe werden.

Eine Verpflichtung zur **Aufgabe des Namens** nach dem Tode eines Ehegatten oder der Ehescheidung ergibt sich aus dem Gesetz nicht. Selbst dann, wenn der Partner, dessen Name zum gemeinsamen Namen wurde, von dem anderen vorsätzlich getötet wurde, kann von Letzterem nach dem Gesetzeswortlaut nicht die Unterlassung der Fortführung des Namens verlangt werden. Ob sich aus dem Gesichtspunkt des Rechtsmissbrauchs (§ 242 BGB) etwas anderes ergeben kann, hat der Bundesgerichtshof offen gelassen. Anders als nach einer Scheidung führt nach einer Eheaufhebung jeder Partner wieder seinen vorherigen Familiennamen.

c) Welchen Namen erhalten die Kinder?

Beispiel: Frieda Frei und Moritz Müller konnten sich bei der Eheschließung nicht auf einen gemeinsamen Namen einigen. Deshalb soll ihr Sohn Bastian den Doppelnamen Frei-Müller erhalten. Der Standesbeamte will nur Müller oder Frei akzeptieren. Daraufhin soll der Name des Vaters zumindest Vorname des nächsten Sohnes werden.

Eheliche Kinder erhalten den Ehenamen der Eltern als Geburtsnamen. Wird kein Ehename geführt, so bestimmen die Eltern durch Erklärung gegenüber dem Standesamt den Namen, den der Vater oder die Mutter führt, zum Geburtsnamen. Treffen die Eltern binnen eines Monats nach der Geburt des Kindes keine Bestimmung, überträgt das Familiengericht das Bestimmungsrecht einem Elternteil. Erfolgt die Bestimmung nicht innerhalb gerichtlich festgelegter Frist, erhält das Kind den Namen des Elternteils, dem das Bestimmungsrecht übertragen wurde. Das Kind erhält nicht einen aus dem Namen des Vaters und der Mutter zusammengesetzten Doppelnamen. Die Erteilung eines Doppelnamens für ein weiteres Kind ist auch dann nicht möglich, wenn bereits ein vor dem Inkrafttreten des Familiennamenrechtsgesetzes (1.4.1994) geborenes Kind einen solchen erhalten hat.

Die Bestimmung der Eltern für das erste Kind gilt für sämtliche Geschwister. Gleichgültig ist dabei, ob es sich um leibliche oder Adoptivgeschwister handelt und wie der Name bestimmt wurde. Nur wenn das erste Kind gestorben ist, dürften gegen eine anderweite Namensbestimmung bei weiteren Kindern keine Bedenken bestehen.

Die vorstehenden Regeln gelten auch, wenn die Eltern eines Kindes nicht miteinander verheiratet sind, aber aufgrund einer Sorgeerklärung im Zeitpunkt der Namensbestimmung das gemeinsame Sorgerecht für das Kind haben.

Heiraten die Eltern eines Kindes, für das ein Elternteil allein sorgeberechtigt ist, nach dessen Geburt, so kann der Name des Kindes binnen drei Monaten neu bestimmt werden. Bestimmen Eltern nachträglich einen Ehenamen, so kann diesen Namen auch das Kind erhalten. Gleiches gilt auch ohne Eheschließung bei Vereinbarung eines gemeinsamen Sorgerechts. In sämtlichen Fällen ist bei einem bereits fünfjährigen Kind dessen Zustimmung erforderlich. Namensänderungen eines Elternteils durch Eheschließung mit einem Dritten, der nicht der andere Elternteil des Kindes ist, wirken sich auf seinen Namen nicht aus. Eine Einbenennung ist allerdings möglich.

Wird ein Kind während des Bestehens einer Lebenspartnerschaft geboren, so erhält es den Namen seiner Mutter. Das kann der Geburtsname der Mutter sein, aber auch der Lebenspartnerschaftsname oder ein beibehaltener Name aus einer früheren Ehe oder Lebenspartnerschaft. Die Begründung einer Lebenspartnerschaft durch seinen Vater oder seine Mutter hat keine Auswirkungen auf den Namen des Kindes. Auch hier lässt das Gesetz eine Einbenennung des Kindes zu.

Das Recht der Eltern, für ihr Kind Sorge zu tragen, umfasst auch die Befugnis, ihrem Kind einen **Vornamen** zu erteilen. Bei seiner Wahl sind die Eltern grundsätzlich frei. Sie sind insbesondere nicht an die herkömmlichen Vornamen gebunden. Der Vorname muss nicht auf ein bestimmtes Geschlecht schließen lassen. Die Namenswahl darf aber dem Kind nicht die Möglichkeit versperren, sich mit dem eigenen Geschlecht zu identifizieren, wobei es allerdings auch Namen gibt, die für Mädchen und Jungen möglich sind (z. B. Maria). Eine weitere Grenze ergibt sich dort, wo eine Namenswahl das Kindeswohl zu beeinträchtigen droht (z. B. Rumpelstilzchen, Pumuckl, zulässig allerdings „Djehad“). Bei der Verwendung eines Familiennamens als Vorname ist dies nur der Fall, wenn dieser nicht geeignet erscheint, dem Kind eine Individualisierung zu ermöglichen (z. B. Müller, Schmitz). Deshalb kann beispielsweise der Nachname „Lütke“ „Anderson“ oder „Oppong“ als weiterer Vorname gewählt werden.

9. Die Staatsangehörigkeit der Ehegatten und das Aufenthaltsrecht

Beispiele: Frau Frei heiratet den Herrn Michalowicz, der die polnische Staatsangehörigkeit besitzt. Sie befürchtet, dadurch die deutsche Staatsangehörigkeit zu verlieren. Ihr Ehemann glaubt, er wäre durch die Heirat automatisch Deutscher.
Ludwig liebt Mohammed, der die iranische Staatsangehörigkeit besitzt. Der Trauschein ist ihnen nicht wichtig. Allerdings befürchtet Ludwig, dass sein Partner ausgewiesen werden könnte.

Bei Eheschließung zwischen einem deutschen Partner und einem Ausländer behält der deutsche Ehegatte seine Staatsangehörigkeit. Ebenso erwirbt der ausländische Ehegatte durch den Gang zum Standesamt nicht automatisch die deutsche Staatsangehörigkeit.

Der deutsche Ehegatte kann allerdings, wenn dies das Heimatrecht seines Partners vorsieht, die ausländische Staatsangehörigkeit beantragen. Dann verliert er grundsätzlich die deutsche Staatsangehörigkeit, sofern es sich nicht um einen anderen EU-Staat, die Schweiz oder einen Staat handelt, mit dem ein entsprechendes Abkommen besteht (§ 25 Staatsangehörigkeitsgesetz). Umgekehrt kann der ausländische Ehegatte eines Deutschen unter erleichterten Voraussetzungen **eingebürgert** werden: Sofern nicht erhebliche Belange der Bundesrepublik Deutschland entgegenstehen, z. B. bei einem international gesuchten Terroristen, soll die Einbürgerung erfolgen, wenn der ausländische Partner seine bisherige Staatsangehörigkeit verliert, aufgibt oder ein Grund für die Hinnahme der Mehrstaatigkeit (z. B. kein oder nur besonders schwieriges Ausscheiden aus der Staatsangehörigkeit) vorliegt. Ferner muss gewährleistet sein, dass der ausländische Partner sich in die deutschen Lebensverhältnisse einordnet und über ausreichende deutsche Sprachkenntnisse verfügt (§§ 8, 9 Staatsangehörigkeitsgesetz).

Handelt es sich beim Ehegatten eines Deutschen um einen Unionsbürger (Staatsangehöriger eines Mitgliedstaates der Europäischen Union) hat dieser ein Recht auf Einreise und Aufenthalt (§ 2 Freizügigkeitsgesetz/EU). Auch der Ehegatte des Unionsbürgers, der nicht selbst Unionsbürger ist, hat unter bestimmten Voraussetzungen ein Aufenthaltsrecht (§ 4 Freizügigkeitsgesetz/EU). Für den ausländischen Ehegatten eines Deutschen, der nicht Unionsbürger ist, besteht zur Herstellung und Wahrung der familiären Gemeinschaft ein Anspruch auf Erteilung einer Aufenthaltserlaubnis (§ 27 AufenthG). Der Nachzug des ausländischen Partners soll von der Behörde in der Regel nicht von der Sicherung des Lebensunterhalts abhängig gemacht werden (§ 28 Abs. 1 AufenthG). Ein Anspruch auf Erteilung einer Aufenthaltserlaubnis beim Nachzug zu einem ausländischen Ehegatten besteht nur in bestimmten Fällen (§ 29 Abs. 1 AufenthG). Ausgeschlossen ist er in sämtlichen Fällen, wenn lediglich eine Ehe geschlossen wird, um dem Nachziehenden die Einreise und den Aufenthalt zu ermöglichen und die Herstellung einer familiären bzw. häuslichen Lebensgemeinschaft von Anfang an nicht ernsthaft beabsichtigt wurde oder wenn gegen den ausländischen Partner ein Ausweisungsgrund vorliegt. Im Falle der Nichterweislichkeit des Vorliegens einer Schein- oder Zweitehe trägt der ausländische Ehegatte, der ein Visum zum Familiennachzug begehrt, die Beweislast für seine Absicht, eine eheliche Lebensgemeinschaft im Bundesgebiet zu führen.

10. Die Besteuerung der Ehegatten

a) Wie wirkt sich die Eheschließung auf die Einkommensteuer aus?

Beispiele: Moritz ist selbstständig und erzielt ein steuerpflichtiges Einkommen von 50.000 EUR. Seine Freundin Frieda erklärt ihm, wenn er sie heirate, müsse er nur mehr die Hälfte der Steuern bezahlen. Moritz ist skeptisch.

Franziska liegt nach einem Unfall bereits seit neun Jahren im Wachkoma und wird in einem Pflegeheim künstlich ernährt und betreut. In der Wohnung von Manfred lebt seit sieben Jahren Dagmar, um gegen Kost und Logis den Haushalt zu führen und die Kinder zu versorgen. Zahlungen hat Dagmar von Manfred nicht erhalten. Manfred hat Zusammenveranlagung mit Franziska beantragt, da Dagmar lediglich Haushälterin wäre und ihm für gelegentliche sexuelle Kontakte zur Verfügung stehe.

Auch das Finanzamt hat festgestellt, dass es bei den Haushaltsdienstleistungen nicht geblieben ist, da das gemeinsame Kind von Manfred und Dagmar bereits fünf Jahre alt ist.
Ludwig liebt Klaus und hat mit ihm eine Lebenspartnerschaft noch einen Monat vor Einführung der Ehe für alle begründet. Er erkundigt sich bei seinem Steuerberater, ob er bei einer Umwandlung der Lebenspartnerschaft in eine Ehe bei der Einkommensteuer besser stünde.

Die Eheschließung gibt den Ehegatten bei der Einkommensteuer zahlreiche Wahlmöglichkeiten:

- Bei Einkünften aus **nichtselbstständiger Tätigkeit** sind die Arbeitnehmer in sechs Steuerklassen eingeteilt. Verheiratete Beschäftigte fallen in die Steuerklassen III mit V. Sind beide Ehegatten berufstätig, so können sie wählen, ob sie die Steuerklasse III für den besser Verdienenden und V für den schlechter Verdienenden oder bei ungefähr gleichem Verdienst beide die Steuerklasse IV auf der Lohnsteuerkarte eintragen lassen. Dadurch ergibt sich zwar keine endgültige Besser- oder Schlechterstellung hinsichtlich der Steuerschuld, jedoch lassen sich dadurch in vielen Fällen hohe Steuerabzüge vermeiden. Als ungefähre Faustregel gilt: Die Kombination III/V ist dann günstiger, wenn der Ehegatte mit dem niedrigeren Lohn höchstens 40 Prozent der Gesamtbezüge der Ehegatten hat. Diese Regel gilt aber nur bedingt. Es ist zu empfehlen, jeweils im Einzelfall anhand der vom Finanzministerium herausgegebenen Tabellen herauszufinden, welche Steuerklasse auf welcher Steuerkarte notiert sein sollte. Die Wahl der Steuerklasse hat aber auch Auswirkungen auf das Arbeitslosengeld I, Mutterschaftsgeld, Elterngeld, Krankengeld und ähnliche Leistungen. Deshalb sollte z. B. derjenige Ehegatte, der mit einem Arbeitsplatzverlust rechnet, frühzeitig die Steuerklasse III wählen, selbst wenn damit steuerliche Nachteile verbunden sind. Droht eine Lohnpfändung, empfiehlt sich wegen des niedrigeren Pfändungsbetrags dagegen die Steuerklasse V. Alternativ können Doppelverdienerehepaare seit 1.1.2010 das sogenannte Faktorverfahren wählen, das höhere Steuernachzahlungen vermeiden und für eine gleichmäßige Besteuerung sorgen soll. Der Faktor wird vom Finanzamt berechnet und auf der

Steuerkarte vermerkt. Die Lohnsteuer ist bei diesem Verfahren höher als bei der Steuerklassenkombination III/V. Auch das Faktorverfahren kann die Höhe der Entgelt-/Lohnersatzleistungen (negativ) beeinflussen.

- Ehegatten, die zur Einkommensteuer veranlagt werden, können zwischen der **Zusammenveranlagung** und der getrennten Veranlagung wählen (§§ 26 ff. EStG). Diese Möglichkeit besteht unabhängig vom Güterstand. Auch in Gütertrennung lebende Ehegatten können also die steuerlichen Vorteile der Zusammenveranlagung in Anspruch nehmen. Dies ist möglich, solange der Einkommensteuerbescheid eines der beiden Ehegatten für das Veranlagungsjahr noch nicht bestandskräftig ist. Jeder Ehegatte ist grundsätzlich verpflichtet, einer Zusammenveranlagung zuzustimmen. Erhöht sich bei ihm die Steuerschuld infolge der Zusammenveranlagung im Vergleich zur getrennten Veranlagung, ist der die Zustimmung verlangende Ehegatte regelmäßig zum internen Ausgleich verpflichtet. Anders ist dies nur, wenn die Ehegatten eine andere Aufteilung ihrer Steuerschulden vereinbart haben.

- Die Zusammenveranlagung hat zur Folge, dass die Einkünfte beider Ehegatten zusammengerechnet werden. Die Einkommensteuer bestimmt sich nach der sog. **Splitting-Tabelle.** Dies bedeutet, dass die Ehegatten so gestellt werden, als ob jeder von ihnen die Hälfte des gemeinsamen Einkommens erzielt hätte. Dadurch wird der Grundfreibetrag (derzeit 9.168 EUR; 2020: 9.408 EUR) doppelt in Ansatz gebracht (ergibt derzeit 18.336 EUR; 2020: 18.816 EUR) und die Steuerprogression vermindert. So beträgt die Einkommensteuer (jeweils ohne Solidaritätszuschlag) derzeit bei einem Ledigen für 50.000 EUR 12.295 EUR, für Ehegatten bei Zusammenveranlagung 7.582 EUR. Da die Ehegatten bei getrennter Veranlagung grundsätzlich wie Unverheiratete behandelt werden, führt die Zusammenlegung im Normalfall zu einem Steuervorteil. Am größten ist dieser bei Alleinverdiener-Ehepaaren, bei einem vergleichsweise geringfügigem Hinzuverdienst eines Ehegatten geht er erheblich zurück. Verweigert ein Ehegatte die Zustimmung zur Zusammenveranlagung, kann er sich gegenüber dem anderen sogar schadensersatzpflichtig machen. Dies gilt auch dann, wenn er Verluste erwirtschaftet, die er in einem späteren Veranlagungszeitraum zur Verminderung seiner eigenen Steuerlast einsetzen könnte. Ausgeschlossen ist die Pflicht zur Zustimmung zur Zusammenveranlagung, wenn sie zweifelsfrei, z. B. wegen Getrenntlebens während des gesamten Kalenderjahres, nicht in Betracht kommt. Dies ist vom Finanzamt, nicht vom Familiengericht zu beurteilen. Da bei einer Zustimmung verbunden mit einer falschen Angabe zum Zusammenleben eine Steuerhinterziehung droht, sollte der tatsächliche Sachverhalt gegenüber dem Finanzamt offengelegt werden.

- Die Zusammenveranlagung ist nur möglich, wenn die Ehegatten nicht im ganzen Kalenderjahr getrennt, also mindestens einen Tag zusammen gelebt haben. Leben Ehegatten durch zwingende äußere Umstände für unabsehbare Zeit räumlich getrennt, etwa in Fällen langer Krankheit (z. B. Pflegeheimaufenthalt) und bei Verbüßung einer lebenslangen Haftstrafe, so kann die eheliche Lebens- und Wirtschaftsgemeinschaft gleichwohl bestehen. Anders ist dies, wenn eine neue Lebensgemeinschaft mit einem Lebensgefährten neben die fortbestehende Ehe tritt. Im Jahr der Eheschließung ist für das ganze Jahr die Zusammenveranlagung möglich.
- Eine getrennte Veranlagung kann sich dann positiv auswirken, wenn ein Ehegatte überwiegend oder ausschließlich steuerfreie Einkünfte (z. B. steuerfreie ausländische Einkünfte, Insolvenz- oder Mutterschaftsgeld) oder Einkünfte erzielt, die unter eine „Tarifermäßigung“ (ermäßigter Steuersatz) fallen.
- Lebenspartner sind bei der Einkommensteuer Ehegatten zwischenzeitlich gleichgestellt (§ 2 Abs. 8 EStG).

b) Welche weiteren Steuervorteile bringt die Ehe?

Beispiele: Moritz hat ein Sparbuch mit einem Guthaben von 100.000 EUR, das Frieda erben soll. Diese plädiert für eine Heirat.
Ludwig möchte seinen Ehemann Klaus das gemeinsam bewohnte Haus verkaufen, schenken oder vererben. Dieser befürchtet in allen drei Fällen eine erhebliche Steuerbelastung.

Erwirbt ein Ehegatte vom anderen gegen Entgelt ein Grundstück (mit oder ohne Gebäude) oder ein Erbbaurecht, so fällt hierfür keine Grunderwerbsteuer an (§ 3 Nr. 4 GrEStG).

Auch bei der Erbschaft- und Schenkungsteuer werden Ehegatten begünstigt. Steuerfrei sind Schenkungen und Erbschaften, die einen Betrag von derzeit 500.000 EUR (§ 16 ErbStG) innerhalb von zehn Jahren nicht übersteigen. Eine Steuerbefreiung besteht ferner, unabhängig vom Wert (!), wenn ein Ehegatte auf den anderen Eigentum oder Miteigentum an einem im Inland oder in einem Mitgliedstaat der Europäischen Union oder einem Staat des Europäischen Wirtschaftsraums belegenen, zu eigenen Wohnzwecken genutzten Familienheim (Haus oder Eigentumswohnung) überträgt oder bei seinem Tod vermacht und es dieser im letztgenannten Fall weiterhin zehn Jahre zu eigenen Wohnzwecken nutzt (§ 13 Abs. 1 Nr. 4a und b ErbStG). Nicht begünstigt sind Zweit- und Ferienwohnungen. Steht dem verstorbenen Ehegatten nur ein Anspruch auf Eigentumsverschaffung zu (z. B. gekauftes Objekt), soll dieser ebenfalls nicht begünstigt sein. Beim Tode seines Partners erhält der überlebende Ehegatte ferner einen Versorgungsfreibetrag in Höhe von 256.000 EUR; dieser wird allerdings gekürzt, wenn der hinterbliebene Ehegatte eine Witwen- bzw. Witwerrente bezieht, die nicht der Erbschaftsteuer unterliegt. Das zu versteuernde geschenkte oder ererbte Vermögen wird beim Ehegatten nach den Sätzen der Steuerklasse I versteuert, die diesen nochmals gegenüber anderen Personen, z. B. Eltern oder Lebensgefährten, besser stellt. Der Steuersatz beginnt mit sieben Prozent und steigt bei Vermögen über 26.000.000 EUR auf 30%; bei unverheirateten Paaren beginnt er bereits mit 30%. Für Ehegatten existieren noch eine Reihe von weiteren Freibeträgen, z. B. für den Hausrat einschließlich Wäsche und Kleidungsstücke von derzeit 41.000 EUR und sonstige Mobilien in Höhe von 12.000 EUR sowie die Steuerfreiheit für den Unterhalt innerhalb von dreißig Tagen nach dem Tode des Ehegatten.

Besondere steuerliche Vergünstigungen bestehen unabhängig vom „Trauschein" für Betriebsvermögen. Bei vermieteten Immobilien wird von dem nach dem Ertragswertverfahren ermittelten oder einem geringeren Verkehrswert ein Abschlag von 10% gemacht.

Allerdings könnte es sein, dass das Bundesverfassungsgericht diese Privilegien wiederum teilweise für unwirksam erklärt.

Auch ein unwirksames, z. B. mit einer Schreibmaschine geschriebenes, Testament kann erbschaftsteuerlich berücksichtigt werden. Voraussetzung ist, dass es sich um eine gewollte Anordnung des verstorbenen Partners handelt. Ferner muss der Erbe dem Begünstigten das ihm zugewandte Vermögen übertragen, um dadurch den Willen des Erblassers zu vollziehen. Bedeutung hat dies auch für mündlich angeordnete Vermächtnisse, wobei die Feststellungslast hinsichtlich der Äußerungen bei dem Begünstigten liegt.

11. Die erbrechtliche Stellung der Ehegatten, Totenfürsorge

a) Was erhält der überlebende Ehegatte beim Tode seines Partners?

Beispiele: Moritz ist verstorben. Außer seiner Ehefrau Frieda lebt nur noch seine Schwester, mit der er seit Jahren Streit hatte. Frieda geht davon aus, dass sie Alleinerbin ist.
Als Lisa überraschend stirbt, entsteht eine Erbengemeinschaft zwischen Hella und ihrem Schwager Sepp, der stets der Ansicht war, seine Schwester brauche nur einmal einen „richtigen Mann".
Ludwig und Klaus verunglücken auf einer Urlaubsreise. Das Haus von Klaus, der Ludwig wenige Stunden überlebt, erbt nicht Jonas, den Ludwig adoptiert hat, sondern der Bruder von Klaus. Dieser hatte zwar jeden Kontakt zur „schwulen Verwandtschaft" abgebrochen, freut sich aber nun doch über das Haus und zusätzlich über die Hälfte des Vermögens von Ludwig. Jonas meint, das könne nicht rechtens sein.

Der überlebende Ehegatte ist gesetzlicher Erbe des verstorbenen Partners (§ 1931 BGB). Die Höhe des Erbteils richtet sich danach, wer sonst noch Erbe ist und welcher Güterstand bestanden hat. Der überlebende Partner erbt mindestens ein Viertel. Nur wenn keine Abkömmlinge, Eltern, Geschwister, Neffen und Nichten sowie Großeltern des Partners noch leben, erhält der Ehegatte die ganze Erbschaft. Sind also Geschwister des Verstorbenen vorhanden, so beträgt die Erbquote des überlebenden Ehegatten bei der Zugewinngemeinschaft nur drei Viertel, der Rest geht an die Geschwister oder deren Kinder. Dieses Ergebnis lässt sich leicht durch eine **Einsetzung** des Partners **zum Alleinerben** vermeiden; die Geschwister des Verstorbenen haben dann keinerlei (Pflichtteils-)Ansprüche mehr. Besonders wichtig ist ein Testament oder Erbvertrag, wenn keine gemeinsamen Kinder vorhanden sind und die Schlusserbfolge nach dem Tod des Überlebenden nicht dem Zufall überlassen werden soll.

Der Ehegatte erhält ferner die zum ehelichen Haushalt gehörenden Gegenstände sowie die Hochzeitsgeschenke als **Voraus** (§ 1932 BGB). Erbt der Ehegatte neben Kindern seines Partners, so gebühren ihm diese Gegenstände nur, soweit er sie zur Führung eines angemessenen Haushalts benötigt. Dieser Voraus steht dem Ehegatten nur zu, wenn er **gesetzlicher Erbe** wird, also nicht, wenn er aufgrund eines Testaments oder Erbvertrages erbt.

b) Was erhält der enterbte Ehegatte?

Beispiele: Moritz hat heimlich ein Testament errichtet und seinen Neffen Max zum Alleinerben eingesetzt, da er Angst hat, Frieda könnte wieder heiraten und den Familienbetrieb in fremde Hände geben. Was steht Frieda zu?
Ludwig und Klaus sind verunglückt. Ludwig hat mit Zustimmung von Klaus seinen Adoptivsohn Jonas zum Alleinerben eingesetzt. Der Bruder des kurz nach ihm verstorbenen Klaus macht sein Noterbrecht geltend.

Der enterbte Ehegatte ist **pflichtteilsberechtigt** (§ 2303 Abs. 2 BGB). Der Pflichtteil beträgt die Hälfte des gesetzlichen Erbteils und richtet sich als Geldzahlungsanspruch gegen den Erben. Der Anspruch **verjährt** innerhalb von drei Jahren ab dem Schluss des Kalenderjahres, in dem der Ehegatte Kenntnis von der Enterbung erlangt hat, spätestens in 30 Jahren ab Entstehung des Anspruchs, falls er nicht anerkannt oder gerichtlich geltend gemacht wurde. Die Verjährungsfrist läuft nicht, solange Verhandlungen über den Pflichtteilsanspruch schweben. Der Pflichtteilsanspruch ist vererblich. Wurde vom überlebenden Partner nicht auf die Geltendmachung verzichtet und ist er auch noch nicht verjährt, können ihn nach dem Tod des Zweitversterbenden dessen Erben geltend machen. Neben dem Pflichtteil kann der überlebende Ehegatte beim gesetzlichen Güterstand den Zugewinn geltend machen.

c) Erbt auch der getrennt lebende Ehegatte?

Beispiel: Manfred ist bereits 13 Jahre vor seinem Tod aus der ehelichen Wohnung ausgezogen. Ein halbes Jahr vor seinem Tod beantragte er mit Anwaltsschriftsatz die Scheidung der Ehe. Mit seiner getrennt lebenden Ehefrau Franziska hatte er kurz nach der Eheschließung ein gemeinschaftliches Testament errichtet, in dem sich beide gegenseitig zu Alleinerben einsetzten und erklärten, dass diese Verfügungen auch im Fall der Scheidung „voll aufrechterhalten" bleiben sollen.

Der Gesetzgeber geht davon aus, dass das gesetzliche Erbrecht und eine Verfügung zugunsten des Ehegatten im Zweifel nicht mehr bestehen sollen, wenn der Erblasser selbst einen Scheidungsantrag beim Familiengericht eingereicht oder dem diesbezüglichen Antrag des anderen Ehegatten zugestimmt hat und die **Scheidungsvoraussetzungen** im Zeitpunkt seines Todes gegeben waren (§§ 1933, 2077, 2279 Abs. 2 BGB). Ob der Scheidungsantrag zum Zeitpunkt des Erbfalls begründet gewesen wäre, hat das Nachlassgericht im Nachlassverfahren selbstständig zu prüfen. Liegen die Voraussetzungen für eine einvernehmliche Scheidung nicht vor, muss das Scheitern der Ehe im Einzelfall geprüft werden. Hieran kann es auch bei einem räumlichen Getrenntleben fehlen, wenn die Ehegatten gemeinsam Urlaub machen, auf Feiern gehen, sich gegenseitig besuchen, ein Partner weiter für den anderen kocht und beide miteinander Geschlechtsverkehr haben. Auch ein nicht ernsthaft betriebenes Scheidungsverfahren kann gegen ein endgültiges Scheitern und für eine Unentschlossenheit sprechen. Zudem können Ehegatten zum Erhalt des Vermögens für die gemeinsamen Kinder in einen Testament oder einem Erbvertrag auch ausschließlich oder konkludent regeln, dass bei einer Scheidung keine Unwirksamkeit eintritt. Im Regelfall bleibt es aber auch bei Begünstigung eines Dritten (z. B. von Kindern) dabei, dass bei einer Scheidung die Verfügung von Todes wegen unwirksam wird.

d) Wer entscheidet, wie und wo der Ehegatte bestattet wird?

Beispiel: Peter ist verstorben. Seine Tochter war in den letzten Lebensjahren wegen der Demenz des Vaters zur Betreuerin bestellt worden. Sie hatte mit einem Bestattungsinstitut einen Vertrag abgeschlossen, wonach der Vater feuerbestattet werden sollte. Die Urne sollte im Familiengrab in der Nähe der betreuenden Tochter beigesetzt werden. Dirk, den Peter nach seiner Scheidung und seinem Bekenntnis zu seiner Homosexualität geheiratet hatte, wünscht eine Erdbestattung und die Beisetzung in einem künftigen gemeinsamen Grab auf einem Friedhof in der Nähe der ehelichen Wohnung.

Das Recht der Totenfürsorge hat sich nach dem Tod vorrangig am Willen des Verstorbenen zu orientieren. Dieser Wille ist von den Hinterbliebenen stets zu berücksichtigen und als Maßstab für die Art und Weise der Bestattung sowie die Festlegung des Bestattungsort maßgeblich. Der Verstorbene kann die Entscheidungsbefugnis auch auf einen Dritten übertragen, der dann nach seinem Tod entscheidet. Liegen weder eine Anweisung noch eine Ermächtigung des Verstorbenen vor und besteht zwischen den Hinterbliebenen Streit, wie der verstorbene Ehegatte zu bestatten ist, hat der Wille des überlebenden Partners Vorrang. Dies gilt ebenso bei einer späteren Umbettung. Auch für die Zustimmung zu einer Organentnahme ist, wenn keine schriftliche Erklärung des Verstorbenen existiert, der Ehegatte zuständig.

12. Krankenversicherung und Witwen- bzw. Witwerrente

a) Muss für die Hausfrau oder den Hausmann eine eigene Krankenversicherung abgeschlossen werden?

Beispiele: Frieda, die den Haushalt führt, geht mit der Krankenversichertenkarte ihres Mannes zum Zahnarzt, der schickt ihr daraufhin eine Rechnung als Privatpatientin.
Ludwig ist Angestellter. Er geht davon aus, dass er für Klaus, der sich um seinen Adoptivsohn Jonas kümmert, keine Krankenversicherung abschließen muss.

Der Ehegatte eines Partners, der in der gesetzlichen Krankenversicherung versichert ist, kann davon ausgehen, dass er im Regelfall ohne zusätzlichen Beitrag **mitversichert** ist. Das gleiche gilt für unterhaltsberechtigte **Kinder.** Nur wenn die Angehörigen über bestimmte Höchstsätze (2019 445 EUR) bzw. 450 EUR monatlich bei geringfügigen Beschäftigungen hinaus **eigene Einkünfte** haben, müssen sie sich selbst versichern. In der Familienkrankenversicherung werden grundsätzlich Leistungen im gleichen Umfang wie an den Versicherten erbracht. Krankengeld wird allerdings nicht gezahlt. Die Leistungen werden längstens für einen Monat nach dem Tode des Versicherten gewährt. Auf der Krankenversichertenkarte wird dieser Status gekennzeichnet.

Entsprechendes wie bei der Krankenversicherung gilt bei der Pflegeversicherung.

b) Wann erhält der Ehegatte eine Hinterbliebenenrente?

Beispiel: Moritz ist ganztags, Frieda halbtags erwerbstätig. Moritz befürchtet, dass er beim Tode von Frieda keine „Witwerrente" erhält.

Die Regelung der Hinterbliebenenversorgung stellt sicher, dass Witwen und Witwer einen Anspruch auf Hinterbliebenenrente haben. Voraussetzung ist grundsätzlich, dass der Versicherte die **Wartezeit von 5 Jahren** erfüllt und die Ehe mindestens ein Jahr gedauert hat. Ist der hinterbliebene Ehegatte noch nicht 47 Jahre alt und kinderlos, so beträgt die Rente 25 v. H. der Versichertenrente im Todeszeitpunkt einschließlich einer Anrechnungszeit und ist auf 24 Kalendermonate befristet (kleine Witwenrente). Ist ein minderjähriges oder behindertes Kind zu erziehen, hat der überlebende Ehegatte das 47. Lebensjahr vollendet oder ist er erwerbsgemindert, so beträgt die Rente 55 v. H. der Rente des Verstorbenen. Hat dieser noch keine Rente bezogen, beträgt sie 55 v. H. derjenigen Rente, die dem Versicherten im Todeszeitpunkt mit Zurechnungszeit zugestanden hätte, wenn er erwerbsunfähig geworden wäre (große Witwenrente). Auf diesen Rentenanspruch wird eigenes Einkommen des Witwers oder der Witwe in Höhe von 40 v. H. angerechnet, soweit es einen bestimmten Freibetrag (das 26,4-fache des aktuellen Rentenwerts:

ab 1.7.2019 beträgt der aktuelle Rentenwert West 33,05 EUR und Ost 31,89 EUR; bei Kindern erhöht er sich um das 5,6fache des aktuellen Rentenwerts für jedes Kind) übersteigt. Für vor dem 1.1.2002 geschlossene Ehen und vor dem 1.1.1962 Geborene gelten teilweise noch alte (günstigere) Vorschriften weiter. Sie sollten sich diesbezüglich bei ihrer Versicherung erkundigen.

Der hinterbliebene Ehegatte erhält, um ihm die Umstellung auf die neuen Lebensverhältnisse finanziell zu erleichtern, für die auf den Sterbemonat des Ehegatten folgenden drei Monate Rentenbezüge in der bisherigen Höhe. Einkommensanrechnungen erfolgen nicht (sog. Sterbevierteljahr).

Heiraten Bezieher einer Witwen- oder Witwerrente wieder, so fällt ihre Rente weg. Sie erhalten allerdings bei der ersten „Wiederheirat" eine Abfindung. Diese beträgt das Vierundzwanzigfache der in den letzten zwölf Monaten durchschnittlich gezahlten Rente. Bei kleinen Witwenrenten vermindert sich dieser Betrag um die Anzahl der Kalendermonate, für die Witwenrente geleistet wurde. Wird die neue Ehe geschieden, so lebt die Hinterbliebenenrente trotz Abfindung wieder auf, wenn innerhalb von zwölf Monaten ein entsprechender Antrag gestellt wird (**Witwenrente oder Witwerrente nach dem vorletzten Ehegatten**). Aus der aufgelösten Ehe erworbene Versorgungs-, Unterhalts- oder Rentenansprüche sind auf die wiederaufgelebte Rente anzurechnen. Eine gezahlte Abfindung ist in monatlichen Teilbeträgen einzubehalten.

13. Weitere Wirkungen der Ehe

Beispiel: Lisa möchte nicht, dass ihre Eltern von Hella, die sie zur Alleinerbin eingesetzt hat, eine „Ausgleichszahlung" fordern können. Deshalb beabsichtigt sie, ihr Haus ihrer Partnerin schon zu Lebzeiten zu schenken. Als ihr der Notar abrät, möchte sie das Haus an Hella für 1 EUR verkaufen. Sie ist der Ansicht, verkaufen könne sie, an wen und zu welchem Preis sie wolle.

Die Ehe wird in verschiedenen Rechtsbeziehungen als soziale Einheit anerkannt und berücksichtigt: So erhalten **im öffentlichen**

Dienst Beschäftigte einen Familienzuschlag. Umgekehrt müssen sich Ehegatten bei den Leistungen der Sozialhilfe und beim Arbeitslosengeld II das Einkommen des Partners anrechnen lassen.

Die gleichgerichteten Vermögensinteressen und die Möglichkeit, Vermögen dem Gläubigerzugriff durch interne Rechtsgeschäfte zu entziehen, hat dazu geführt, dass unentgeltliche Verfügungen zugunsten des Ehegatten und Lebenspartners angefochten werden können, wenn sie innerhalb von **vier Jahren** vor Eröffnung des Insolvenzverfahrens oder einer fruchtlos verlaufenden Zwangsvollstreckung erfolgen (§ 4 AnfG, § 134 InsO). Dies gilt in gleicher Weise für entgeltliche Verfügungen, wenn sie **zwei Jahre** vor diesem Termin erfolgen (§ 3 Abs. 4 AnfG, § 133 Abs. 2 i. V. m. § 138 Abs. 1 Nr. 1 InsO).

Auch der häufig unternommene Versuch, durch Schenkungen oder sonstige Zuwendungen an den Ehegatten nichteheliche oder ersteheliche Kinder erbrechtlich zu benachteiligen, ist nicht unbeschränkt möglich. Schenkt der Ehemann sein Haus seiner Ehefrau, damit sein erstehelicher Sohn darauf im Fall seines Todes keine Ansprüche hat, ist § 2325 BGB zu beachten. Das pflichtteilsberechtigte Kind kann verlangen, dass der Wert des Hauses zur Berechnung seines Pflichtteilsanspruchs dem Nachlass hinzugerechnet wird (sog. **Pflichtteilsergänzung**). Dies ist auch der Fall, wenn der Ehemann nach Eigentumsumschreibung auf seine Frau noch zehn Jahre lebt; die Zehn-Jahres-Frist gilt nämlich – was häufig übersehen wird – bei Schenkungen unter Ehegatten nicht, solange die Ehe besteht. Um eine Schenkung handelt es sich auch, wenn der zuwendende Partner Haushalts- und Pflegeleistungen belohnen will. Der häufig diskutierte Verkauf für einen Euro stellt ebenfalls eine zu Pflichtteilsansprüchen führende Schenkung dar. Bei einem etwas höheren Kaufpreis liegt eine gemischte Schenkung vor. Und bei einer Kaufpreisentrichtung mit anschließender Rückschenkung unterliegt die Rückzahlung des Geldes der Pflichtteilsergänzung.

V. Eheliches Güterrecht

Beispiele: Frieda ist seit 25 Jahren glücklich verheiratet. Sie ist stets davon ausgegangen, dass seit der Eheschließung ihr und ihrem Mann alles gemeinsam gehört, da sie kraft Gesetzes in Gütergemeinschaft leben. Ihrem Schwiegersohn, der ihr sagt, das wäre falsch, will sie nicht glauben.

Die Eheschließung begründet zwischen den Ehegatten nicht nur persönliche, sondern auch **vermögensrechtliche** Beziehungen. Diese behandelt das eheliche Güterrecht (§§ 1363–1563 BGB). In seinen Vorschriften sind insbesondere die Auswirkungen der Ehe und deren Auflösung auf das bereits vorhandene oder während der Ehe erworbene Vermögen der Ehegatten geregelt. Im Ehegüterrecht unterscheidet man zwischen dem **gesetzlichen** Güterstand der **Zugewinngemeinschaft** und den **vertraglichen** Güterständen der **Gütertrennung**, der **Gütergemeinschaft** und der Wahlzugewinngemeinschaft. Eheleute leben im gesetzlichen Güterstand, wenn sie keinen notariellen Ehevertrag vereinbart haben.

Eingetragene Lebenspartner mussten bis zum 1.1.2005 vor der amtlichen Begründung ihrer Partnerschaft einen sogenannten Vermögensstand vertraglich vereinbaren. Seit diesem Zeitpunkt genügte das Jawort (§ 6 LPartG).

1. Der gesetzliche Güterstand der Zugewinngemeinschaft

a) Was bedeutet „Zugewinngemeinschaft"?

Beispiel: Frieda meint, wenn der gesetzliche Güterstand die Bezeichnung Zugewinngemeinschaft führe, müsse es auch gemeinschaftliches Vermögen geben.

Der gesetzliche Güterstand der Zugewinngemeinschaft soll dem haushaltsführenden Ehegatten eine Beteiligung am Zugewinn des berufstätigen gewährleisten. Die Haushaltsführung und gegebenenfalls Kinderbetreuung werden als der Erwerbstätigkeit gleichwertig angesehen. Vermögen, das während der Ehe erwirtschaftet wird, wird als von beiden Partnern gleichermaßen „verdient“ angesehen. Allerdings verwirklicht das Gesetz diesen Gedanken nicht durch eine eigentumsmäßige Mitberechtigung beider Partner. Jeder Ehegatte bleibt vielmehr **alleiniger Inhaber** seines Vermögens und verwaltet es auch selbstständig und in eigener Verantwortung. Lediglich bei Rechtsgeschäften über das Vermögen im Ganzen oder über Haushaltsgegenstände bestehen **Verfügungsbeschränkungen.** Erst bei Beendigung des Güterstandes, vor allem bei Scheidung oder beim Tod eines Partners, wird die gegenseitige Teilhabe am Zugewinn durch dessen Ausgleich realisiert.

b) Trennung des Vermögens, Zuwendungen und Schuldenhaftung

Beispiel: Frieda möchte heiraten. Nach der Eheschließung ist geplant, dass sie zur Betreuung der gemeinsamen Kinder und zur Führung des Haushalts zu Hause bleibt. Da ihr künftiger Mann hohe Schulden hat, möchte sie auf jeden Fall Gütertrennung vereinbaren, um ihre Mithaftung auszuschließen.

Ehegatten, die im gesetzlichen Güterstand der Zugewinngemeinschaft leben, werden vermögensrechtlich wie Unverheiratete behandelt. Die Bezeichnung „Zugewinngemeinschaft“ ist irreführend, da die Vermögen der Partner, gleichgültig ob vor oder während der Ehe erworben, getrennt bleiben. Es handelt sich eigentlich um eine **Gütertrennung mit Zugewinnausgleich** (§ 1363 Abs. 2 S. 1 BGB).

Aus der gesetzlichen Vermögenstrennung folgt, dass ein Partner **nicht** für die Schulden des anderen mithaftet. Jeder haftet für seine Schulden allein mit seinem Vermögen. Dies ist nicht anders als bei der Gütertrennung, die allerdings den Nachteil hat, dass der haushaltsführende Partner auch bei einer Scheidung keinen Zugewinn vom verdienenden Partner erhält.

Beispiele: Die Ehegatten Moritz und Frieda, die im gesetzlichen Güterstand leben, wollen eine Eigentumswohnung gemeinsam erwerben; ihnen ist nicht klar, ob sie hierzu Gütergemeinschaft vereinbaren müssen.
Unternehmerin Lisa überträgt ihrer Ehefrau Hella zu deren Absicherung und aus Angst vor Gläubigern ihre Penthousewohnung.
Aus „ehelicher Solidarität" und weil es die Sparkasse so verlangte, hat Berta, die zur Erziehung der fünf gemeinsamen Kinder zu Hause ist und über kein eigenes Vermögen verfügt, für ein Darlehen ihres Ehemannes, das dieser zur Anschaffung eines Sportwagens verwendete, die persönliche Mithaftung übernommen. Später „taucht" Anton „unter", und Berta steht mit den Kindern und den Schulden allein da. Ihr Vater hat sogar eine Grundschuld zur Absicherung des Kredits an seiner Eigentumswohnung bestellt und dabei die Haftung mit seinem gesamten Vermögen übernommen.

Auch wenn allein durch die Eheschließung kein gemeinschaftliches Vermögen der Ehegatten entsteht und diese auch nicht wechselseitig für Schulden des anderen haften, bleibt es ihnen – ebenso unverheirateten Personen – unbenommen, Gegenstände zu gemeinschaftlichem Eigentum zu **erwerben.** So erfolgt der Kauf von Immobilien durch Ehegatten meist **zu hälftigem Miteigentum.** Im Grundbuch werden sie dann als Miteigentümer zu je ein Halb eingetragen. Bei Miteigentum kann nach einer Scheidung jeder Berechtigte die Aufhebung der Gemeinschaft verlangen; diese erfolgt im Wege der Zwangsversteigerung der Immobilie. Bei Miteigentum von Ehegatten oder geschiedenen Ehegatten kann die Versteigerung bis zu fünf Jahre eingestellt werden, wenn dies zur Abwendung einer ernsthaften Gefährdung des Wohles eines gemeinschaftlichen Kindes erforderlich ist (§ 180 Abs. 3 ZVG). Das ist etwa der Fall, wenn das Haus ganz nach den Bedürfnissen eines behinderten Kindes gebaut und eingerichtet ist oder wenn für die kinderreiche Familie eine anderweitige Unterbringung mit zumutbarem Aufwand nicht möglich erscheint. Demgegenüber sollen die üblichen Scheidungsfolgen für die Kinder nach überwiegender Ansicht keine Einstellung der Versteigerung rechtfertigen.

Nicht selten übertragen Partner einander Eigentum. Typische Beispiele sind die Einräumung einer Mitberechtigung am Familienheim, die Verschaffung von Eigentum an sonstigen Immobilien, insbesondere zur Vermögensbildung, der sozialen Absicherung des Partners oder auch mit dem Ziel, diese dem befürchteten Zugriff der eigenen Gläubiger zu entziehen, ferner die Übertragung einer (Mit-)Inhaberstellung an Wertpapieren, Bankguthaben oder Unternehmensbeteiligungen. Dabei kann es sich um unentgeltliche Zuwendungen, also reine **Schenkungen,** handeln. Meist werden von den Partnern damit – wie die vorstehenden Beispiele zeigen – jedoch Ziele verfolgt, die der Verwirklichung der ehelichen Lebens- und Wirtschaftsgemeinschaft dienen. Wegen dieses Bezugs zur Ehe werden sie als **„ehebedingte Zuwendungen"** bezeichnet. Auch auf diese Weise kann gemeinschaftliches Eigentum geschaffen werden. Überträgt beispielsweise der Mann Vermögenswerte auf die Frau zu deren Alleineigentum, um sie oder die Familie wirtschaftlich abzusichern, machen sich die Ehegatten die Folgen der Vermögenstrennung zunutze. Vermögen kann auf diese Weise dem Zugriff der Gläubiger eines Partners entzogen werden.

Dagegen heben sie die Trennung der Vermögen auf, wenn ein Ehegatte gegenüber einem Gläubiger, etwa einer Bank, eine Bürgschaft für Verbindlichkeiten des anderen übernimmt, beide als Gesamtschuldner einen Kredit aufnehmen oder ein Partner später den Schulden des anderen beitritt. In sämtlichen Fällen muss der Mithaftende für die Verbindlichkeiten des anderen spätestens dann aufkommen, wenn dieser zahlungsunfähig ist. Die Haftung geht regelmäßig auf den vollen Darlehensbetrag. Der Gläubiger kann es sich bei einer Gesamtschuld aussuchen, wen er in Anspruch nehmen will. Diese Haftung überdauert regelmäßig die Ehe und bindet die Partner auch nach einer Scheidung wirtschaftlich oft noch lange Zeit aneinander. Deshalb ist bei derartigen Mithaftungen Vorsicht geboten. Nur in Ausnahmefällen haben die Gerichte später die Mithaftung für unwirksam erklärt (vgl. S. 60 f.).

c) Ersatz von Haushaltsgegenständen

Beispiele: Bei Eheschließung war Moritz Eigentümer eines alten Röhrenradios. Nach fünfzigjähriger Ehe wollen sich die Ehegatten Moritz und Frieda trennen. Moritz ist der Ansicht, der später dafür angeschaffte Hifikompaktturm mit CD-Player stehe ebenfalls in seinem Eigentum.

Jeder Ehegatte ist aufgrund der Lebensgemeinschaft verpflichtet, die ihm gehörenden Haushaltsgegenstände für den gemeinsamen Haushalt zur Verfügung zu stellen. Da er allein die Last der Abnutzung und des Verbrauchs trägt, sollten ihm nach der bis 31.8.2009 geltenden gesetzlichen Regelung Ersatzbeschaffungen zustehen, gleichgültig, wer die Anschaffung tätigte und mit wessen Mitteln der Kaufpreis entrichtet wurde. Diese als **dingliche Surrogation** bezeichnete Rechtsfolge galt nur bei Ehegatten, die im gesetzlichen Güterstand „verheiratet" waren. Zwischen 1.8.2001 und 31.12.2004 galt das Surrogationsprinzip auch für eingetragene Lebenspartner, die Gütertrennung (nach damaliger Diktion: Vermögenstrennung) vereinbart hatten.

Für ab 1.9.2009 angeschaffte Haushaltsgegenstände gelten **keine Sonderregeln** mehr. Die Eigentumsverhältnisse bestimmen sich nach der Vereinbarung beim Kauf. Im Zweifel wird Miteigentum der Ehegatten und Lebenspartner vermutet (§ 1568 b Abs. 2 BGB, § 17 LPartG). Es empfiehlt sich, vorsichtshalber den Kaufvertrag oder die Rechnung aufzuheben.

d) Vermögensverwaltung und Verfügungsbeschränkungen

Beispiele: Frieda ist erzürnt, da ihr Mann Moritz immer die Sportschau im Fernsehen ansieht und sie vernachlässigt. Deshalb veräußert sie den Fernsehapparat, den sie von ihren Eltern zur Hochzeit geschenkt bekommen hat, an einen armen Studenten. Moritz hat von seinen Eltern ein Mietshaus geerbt, das er seinerseits an Xaver Meier verkauft hat. Bei der notariellen Beurkundung des Vertrages war Frieda nicht anwesend; der Erwerber wusste nicht, dass das Haus etwa 95 % des Vermögens von Moritz ausmacht.

Im gesetzlichen Güterstand verwaltet jeder Ehegatte sein Vermögen selbstständig (§ 1364 BGB). Um zu verhindern, dass ein Ehegatte der Familie einseitig die Lebens- und Vermögensgrundlage oder dem anderen Ehegatten künftige Ausgleichsansprüche bei Beendigung der Ehe (§§ 1371 ff. BGB) entziehen kann, unterliegt die freie Verwaltung zwei wichtigen **Einschränkungen:** Jeder Ehegatte bedarf zu Verfügungen über das Vermögen im Ganzen (§ 1365 BGB) und zu Verfügungen über Haushaltsgegenstände (§ 1369 BGB) der **Zustimmung** des anderen.

Wann liegt ein Rechtsgeschäft über das Vermögen im Ganzen vor? Nach § 1365 Abs. 1 BGB kann ein Ehegatte einen schuldrechtlichen Vertrag über sein Vermögen im Ganzen nur mit Einwilligung des anderen Partners abschließen. Hat er diese Beschränkung nicht beachtet, so kann er seine vertraglichen Verpflichtungen nur erfüllen, wenn der Partner **nachträglich** seine Zustimmung erteilt. Hat z. B. ein Ehegatte sein ganzes Hab und Gut veräußert, um auszuwandern, so kann er dem Vertragspartner dieses nur mit Zustimmung seines Ehegatten verschaffen.

Der Begriff „Vermögen im Ganzen" meint Rechtsgeschäfte, die wirtschaftlich gesehen das gesamte oder nahezu gesamte Vermögen eines Partners ausmachen. Durchzuführen ist ein **Wertvergleich,** bei dem der Wert des Geschäftsgegenstandes und der Wert des verbleibenden Restvermögens gegenüberzustellen sind. Dabei hat die **Gegenleistung,** die der Partner erhalten soll, **unberücksichtigt** zu bleiben. Selbst wenn es sich um ein „gutes" Geschäft handelt und der Kaufpreis den Wert der veräußerten Vermögensgegenstände übersteigt, bedarf es somit der Zustimmung des anderen Partners. In den Vermögensvergleich wird ein künftiges Arbeitseinkommen des veräußernden Partners ebenfalls nicht einbezogen. Feste Prozentsätze für den Wertvergleich fehlen. Der Rechtsprechung kann man jedoch entnehmen, dass bei kleinen Vermögen eine Veräußerung im Ganzen nicht vorliegt, wenn dem verfügenden Partner wertmäßig ca. 15 % seines Gesamtvermögens verbleiben. Bei größeren Vermögen, insbesondere bei Verfügungen über Grundstücke, wird die Grenze dagegen in der Regel bei etwa 10% gezogen; bei einem verbleibenden Vermögen von 30 % greift die Verfügungsbeschränkung keinesfalls ein.

Ein zustimmungsbedürftiges Geschäft liegt auch dann vor, wenn sich ein Ehegatte verpflichtet, über einen **einzelnen Gegenstand** zu verfügen, der sein Vermögen ausmacht. Hauptfall ist der Verkauf von **Immobilien.** Bestehen am veräußerten Grundbesitz grundbuchmäßige Belastungen, insbesondere Grundschulden oder Hypotheken, so mindern diese den Wert des Verkaufsobjekts, soweit sie valutiert sind. Verkauft ein Partner eine Eigentumswohnung, die er im Bauherrenmodell erworben hat und an der Belastungen von 100.000 EUR bestehen, für 110.000 EUR, so liegt eine Zustimmungsbedürftigkeit nur vor, wenn sein sonstiges Vermögen weniger als ca. 1.800 EUR beträgt. Zum Schutz des Vertragspartners hat die Rechtsprechung bei Verfügungen über Einzelgegenstände noch ein weiteres Erfordernis aufgestellt: Die Verfügungsbeschränkung greift nur dann ein, wenn der **Vertragspartner positiv weiß,** dass es sich beim Geschäftsgegenstand um das wesentliche Vermögen handelt, oder wenn er zumindest die Verhältnisse kennt, aus denen sich dies ergibt. Maßgeblicher **Zeitpunkt für die Kenntnis** ist nach überwiegender Auffassung der Abschluss des Kaufvertrages.

Beispiele für **zustimmungsbedürftige** Rechtsgeschäfte sind, falls es im Wesentlichen um das ganze Vermögen des Ehegatten geht:

- der Verkauf und die Schenkung von Immobilien, wobei ein vorbehaltenes dingliches Nießbrauchs- oder Wohnungsrecht als verbliebenes Vermögen zu berücksichtigen ist,
- die Belastung von Grundstücken mit Grundpfandrechten, wenn der restliche Grundstückswert ausgeschöpft wird, dabei sind auch die im Grundbuch eingetragenen Zinsen für ca. zweieinhalb Jahre zu berücksichtigen,
- die Veräußerung eines Nachlasses oder eines Erbteils sowie die Erbauseinandersetzung, wenn sie durch Übertragung von Gegenständen mit oder ohne Abfindungszahlung erfolgt,
- der Geschäftsverkauf und Vereinbarungen über das Ausscheiden aus einer Gesellschaft sowie
- der Antrag auf Teilungsversteigerung eines Ehegatten.

Keine Zustimmung ist dagegen erforderlich bei:

- der Eingehung von Zahlungsverbindlichkeiten, also beim Ankauf einer Sache, der Aufnahme eines Darlehens, der Übernahme einer Bürgschaft sowie der Abgabe eines Zahlungs- und Garantieversprechens,
- der Eingehung oder Kündigung eines Arbeitsverhältnisses und
- der Abänderung der Bezugsberechtigung einer Lebensversicherung.

Welche Rechtsgeschäfte über Haushaltsgegenstände sind zustimmungsbedürftig? Die Beschränkungen des § 1369 BGB beziehen sich auf die Gegenstände des ehelichen Haushalts. Es muss sich also um Sachen handeln, die zur Hauswirtschaft gehören und dem Zusammenleben dienen. Zustimmungsbedürftig ist deshalb die Veräußerung der Wohnungseinrichtung, der Haushaltswäsche, von Radio- und Fernsehgeräten, Nahrungsmitteln und Brennmaterial. Ausgenommen sind Gegenstände, die dem persönlichen Bedarf, dem Arbeitsbereich oder als Kapitalanlage eines Partners dienen, z. B. Kleidungsstücke, die antike Vase des Historikers und die Nähmaschine der Schneiderin. Entscheidend ist die **Zweckbestimmung** innerhalb der einzelnen Ehe.

Das Eigentum am betroffenen Haushaltsgegenstand ist unerheblich. Das Zustimmungserfordernis besteht deshalb auch bei **Alleineigentum** und Miteigentum des anderen Partners. Veräußert beispielsweise die Ehefrau den im Alleineigentum des Ehemannes stehenden Fernsehapparat, greift die Verfügungsbeschränkung nach ihrem Sinn ein. Ist z. B. ein Möbelstück unter **Eigentumsvorbehalt** gekauft worden, so gilt auch dafür die Verfügungsbeschränkung; zulässig ist allerdings eine **Sicherungsübereignung** an die finanzierende Bank.

Beispiel: Frieda hat aus Ärger über Moritz dem armen Studenten nicht nur das Fernsehgerät, sondern auch den in ihrem Eigentum stehenden DVD-Player geschenkt. Moritz fordert von dem Studenten beide Geräte zurück. Dieser erklärt, er habe mit Frieda eine kurze Affäre gehabt, dabei habe sie ihm verschwiegen, dass sie verheiratet sei. Sie habe auch nie einen Ehering getragen. Im Übrigen stellten die Geräte nicht das wesentliche Vermögen von Frieda, Moritz oder beiden dar und „geschenkt sei schließlich geschenkt".

Welche Auswirkungen ergeben sich auf zustimmungsbedürftige Geschäfte? Wird ein Vertrag, also auch eine Schenkung, ohne die erforderliche Zustimmung abgeschlossen, so ist er nicht nichtig, sondern zunächst **schwebend unwirksam.** Sein weiteres Schicksal hängt davon ab, ob ihn der andere Partner genehmigt. Wird die nachträgliche Zustimmung entweder gegenüber dem Ehegatten oder dem Geschäftspartner erteilt, so ist das Geschäft von Anfang an wirksam. Wird sie verweigert, kann sie auf Antrag des am Geschäft beteiligten Ehegatten vom Familiengericht ersetzt werden. Der Dritte kann den Vertrag nur widerrufen, wenn er nicht wusste, dass sein Geschäftspartner verheiratet ist oder ihn dieser wahrheitswidrig über das Vorliegen der Einwilligung getäuscht hatte. Außerdem kann er seinerseits den anderen Partner zur Genehmigung auffordern; gibt dieser innerhalb von zwei Wochen keine Erklärung ab, gilt dies als Verweigerung (§ 1366 Abs. 3 S. 2 BGB).

Bei Rechtsgeschäften, die gegen die Beschränkungen der §§ 1365, 1369 BGB verstoßen, gibt es **keinen gutgläubigen Erwerb.** Weiß der Geschäftspartner nicht, dass sein Kontrahent verheiratet ist, so wird er diesbezüglich nicht geschützt. Dies gilt auch dann noch, wenn die Ehegatten getrennt leben. Selbst durch eine nachfolgende Scheidung wird ein derartiger Vertrag nicht gültig. Unerheblich ist bei Verfügungen über Haushaltsgegenstände schließlich, ob dem Dritten die Zugehörigkeit der veräußerten Sache zum Haushalt bekannt war. Zu **beachten** ist, dass es im Rahmen des § 1369 BGB nicht auf den **Wert** des veräußerten Gegenstandes ankommt. Das Gesetz räumt dem übergangenen Ehegatten ferner das Recht ein, die Rückforderung des veräußerten Gegenstandes unabhängig vom Vorgehen seines Partners gegenüber dem Dritten allein geltend zu machen (§ 1368 BGB).

e) Der Zugewinn und sein Ausgleich

Beispiel: Die Ehe von Moritz und Frieda kriselt. Beide haben auf einem Grundstück, das Moritz bereits bei Eheschließung gehörte, gemeinsam ein Haus errichtet. Moritz hat während der Ehe ferner einen Sportwagen erworben, zu Schrott gefahren und hat deswegen noch beträchtliche Schulden bei seiner Bank. Frieda hat sich während der Ehe eine gut gehende Änderungsschneiderei aufgebaut.

Was ist der Zugewinn? Wesentliches Kennzeichen des gesetzlichen Güterstandes bei Ehegatten ist der Zugewinnausgleich. Durch den Ausgleich wird die wirtschaftliche Teilhabe beider Partner an gemeinschaftlich „erarbeiteten" Werten während ihrer Ehe realisiert. Die hinsichtlich des Zugewinns bestehende Gemeinschaft der Ehegatten wird im Regelfall erst bedeutsam, wenn die Ehe durch den Tod eines Ehegatten oder durch Scheidung (§ 1363 Abs. 2 S. 2 BGB) endet. Ein periodischer Zugewinnausgleich findet dagegen nicht statt. Deshalb ist es falsch, wenn Ehegatten glauben, im Hinblick auf den Zugewinnausgleich während des Bestehens der Ehe Anspruch auf Übertragung eines hälftigen Miteigentumsanteils am gemeinsam gebauten Haus zu haben. Derjenige Partner, der zwar bei der Bank die Verbindlichkeiten mitübernimmt, aber im Grundbuch nicht als Miteigentümer eingetragen ist, hat zunächst nur die Schulden sicher. Hinsichtlich des Grundbesitzes besteht lediglich die Chance, im Zugewinnausgleich am gemeinsam geschaffenen Wert finanziell beteiligt zu werden.

Das Gesetz sieht zur **Durchführung** des Zugewinnausgleichs zwei unterschiedliche Wege vor:

- die **erbrechtliche** Lösung (§ 1371 Abs. 1 BGB), wenn der Güterstand durch den Tod eines Ehegatten endet und der überlebende Ehegatte Erbe oder Vermächtnisnehmer wird, und
- die **güterrechtliche** Lösung (§§ 1372 ff. BGB), wenn die Zugewinngemeinschaft zu Lebzeiten beider Ehegatten endet oder beim Tod eines Ehegatten der Überlebende nicht Erbe oder Vermächtnisnehmer wird (§ 1371 Abs. 2 BGB).

Beispiele: Als Moritz und Frieda heirateten, waren sie beide arm wie „Kirchenmäuse". Später kam Moritz vom FC Kirchdorf zu einem Bundesligaverein und verdiente in den fünf Jahren zwischen Eheschließung und Zustellung des Scheidungsantrags seiner Frau 5 Millionen Euro. Danach gewinnt er im Lotto.
Ludwig und Klaus waren beide während ihrer Ehe berufstätig. Der sparsame Klaus hat bei Zustellung des Aufhebungsantrags 100.000 EUR am Konto. Ludwig hat mehrere Sportwagen zu Schrott gefahren. Berufliche Nachteile hatte keiner von beiden.

Wie wird der Zugewinn berechnet? Lediglich bei der „erbrechtlichen Lösung" erspart der Gesetzgeber den Beteiligten eine Einzelabrechnung des Zugewinns, indem er den gesetzlichen Erbteil **pauschal um ein Viertel** erhöht, und zwar unabhängig davon, ob und in welcher Höhe ein Zugewinn erzielt wurde. In allen anderen Fällen sind komplizierte Rechnungen anzustellen. Das Prinzip ist allerdings noch klar: Übersteigt der Zugewinn des einen Ehegatten den des anderen, so steht die Hälfte des Überschusses dem anderen Partner als Ausgleichsforderung zu (§ 1378 Abs. 1 BGB). Zugewinn ist dabei der Betrag, um den das Endvermögen eines Partners sein Anfangsvermögen übersteigt (§ 1373 BGB). Unerheblich ist dabei, ob ein Partner lebensgemeinschaftsbedingte Nachteile erlitten hat.

Beispiel: Hatten Moritz und Frieda zu Beginn ihrer Ehe kein Vermögen, so beträgt ihr jeweiliges Anfangsvermögen Null. Ist das bei Frieda, die infolge der Erziehung der Kinder nicht berufstätig war, bei Ende der Ehe weiterhin so, hat sie keinen Zugewinn erzielt. Moritz hat dagegen ein Endvermögen von 5 Millionen Euro; da sein Anfangsvermögen Null war, hat er einen Zugewinn in dieser Höhe erzielt. Die Hälfte, also 2,5 Millionen Euro, stehen deshalb Frieda zu.

Anfangsvermögen ist das Vermögen, das einem Ehegatten nach Abzug der Verbindlichkeiten bei Eintritt des Güterstandes gehört (§ 1374 Abs. 1 BGB). **Endvermögen** ist dasjenige, was ein Ehegatte nach Abzug der Verbindlichkeiten beim Ende des Güterstandes besitzt (§ 1375 Abs. 1 BGB).

Beispiele: Moritz hatte bei Eheschließung ein Sparguthaben mit 10.000 EUR. Während der Ehe erwirbt er davon Aktien, die stark steigen und 50.000 EUR erreichen. Bei Scheidung sind sie „in den Keller" gefallen und haben nur noch einen Kurswert von 15.000 EUR. Frieda hatte zu Beginn der Ehe 20.000 EUR Vermögen und 8.000 EUR Bankschulden. Bei Eheende hat sie 15.000 EUR auf ihrem Konto und keinerlei Schulden mehr.
Das Anfangsvermögen von Moritz beträgt 10.000 EUR, sein Endvermögen 15.000 EUR; es ergibt sich ein Zugewinn von 5.000 EUR. Bei Frieda errechnet sich ein Anfangsvermögen von 12.000 EUR (20.000 EUR – 8.000 EUR); das Endvermögen übersteigt es um 3.000 EUR (= Zuge-

winn). Damit ergibt der Vergleich, dass der Zugewinn von Moritz um 2.000 EUR höher ist. Frieda steht somit gegen Moritz eine Ausgleichsforderung von 1.000 EUR (2.000 EUR : 2) zu.

Das vorstehende Beispiel zeigt nochmals das Prinzip des wertmäßigen und nicht gegenständlichen Ausgleichs. Der Gesetzgeber legt dazu **zwei Stichtage** fest, zu denen „Bilanzen" über das Vermögen jedes Ehegatten aufgestellt werden. Der erste Zeitpunkt ist der Beginn des Güterstandes, also regelmäßig die **Eheschließung.** Der zweite ist die Beendigung des Güterstandes. Bei einer Ehescheidung wird der Berechnungszeitpunkt allerdings auf die **Zustellung des Scheidungsantrags** vorverlegt (§ 1384 BGB), da dann kein Grund mehr besteht, den anderen Partner am weiteren Zugewinn zu beteiligen. Auch für die Höhe der Ausgleichsforderung ist dieser Zeitpunkt maßgeblich.

Die einzelnen Vermögensgegenstände, nämlich Aktiva und Passiva, werden zu diesen Zeitpunkten bewertet und in die „Bilanz" eingestellt. Die Differenz zwischen Anfangs- und Endvermögen ergibt den jeweiligen Zugewinn. Auch dieser ist eine reine Rechnungsgröße. Folgende Formel gibt die gesetzliche Regelung wieder:

$$\frac{(\text{Endvermögen P 1} - \text{Anfangsvermögen P 1}) - (\text{Endvermögen P 2} - \text{Anfangsvermögen P 2})}{2} = \text{Ausgleichsanspruch P 2}$$

Beispiel: Lisa hat bei Eheschließung 5.000 EUR Schulden und bei Scheidung 10.000 EUR Endvermögen. Dagmar fängt dagegen mit nichts an und hat bei Scheidung 20.000 EUR Vermögen. Dagmar liebt Lisa trotz ihrer Schulden.

Rein rechnerisch beträgt die Vermögenssteigerung von Lisa im obigen Beispiel 15.000 EUR. Bei Anwendung der dargestellten Regeln würde sie deshalb von Dagmar nur 2.500 EUR erhalten. Dies widerspricht aber dem bis zum 1.9.2009 dem Gesetz zugrundeliegenden Prinzip, dass kein Ehegatte oder Lebenspartner verpflichtet sein soll, an den anderen mehr als die Hälfte seines real vorhandenen Vermögens abzuführen. Danach hätte Lisa von Dagmar noch 5.000 EUR als Zugewinnausgleich erhalten. Dieses Ergebnis hat der Partner, der dem anderen half, seine Schulden abzubauen, nicht unbedingt als gerecht empfunden. Der Gesetzgeber hat dies ebenso gesehen und lässt deshalb ein **negatives Anfangsvermögen** zu (§ 1374 Abs. 3 BGB). Der durch eine Schuldentilgung eintretende wirtschaftliche Erfolg wird dadurch im Zugewinnausgleich berücksichtigt. Allerdings muss der von seinen Schulden befreite Partner keinen neuen Kredit aufnehmen, um den Zugewinnausgleich leisten zu können. Seine Zahlungspflicht ist auf den Wert seines Vermögens abzüglich noch etwa vorhandener Verbindlichkeiten beschränkt.

Beispiele: Moritz hat die Ehe mit 50.000 EUR Schulden begonnen. Bei Einleitung des Scheidungsverfahrens ist er schuldenfrei. Frieda hatte am Anfang der Ehe nichts und konnte wegen der Schuldentilgung von Moritz auch nichts beiseite legen.
Beide Ehegatten hatten bei Eheschließung kein Vermögen. Moritz beendet die Ehe mit 20.000 EUR Schulden, während Frieda 30.000 EUR gespart hat.

Moritz hat in der ersten Alternative zwar 50.000 EUR Zugewinn erzielt, muss aber Frieda dennoch nichts abgeben, da er kein Vermögen hat. Trotz der gesetzlichen Neuregelung bleibt Frieda insoweit die Dumme.

Frieda muss sich im zweiten Fall nicht an der Tilgung der Schulden beteiligen und Moritz 25.000 EUR auszahlen. Der Zugewinnausgleichsanspruch von Moritz beträgt nur 15.000 EUR. Das kann ungerecht sein, wenn die Schulden aus der gemeinsamen Lebensführung (z. B. einer teuren Urlaubsreise) herrühren. In diesem Fall wird der clevere Partner an den „gemeinsamen“ Schulden im Rahmen des Zugewinnausgleichs nicht beteiligt.

Beispiel: Die misstrauische Mutter glaubt, dass die geplante Ehe ihres Sohnes, der sogar seine Schuhe selbst putzen muss, keinen langen Bestand haben wird. Da sie ihrer Schwiegertochter nicht traut und ihren „braven“ Sohn ohnehin für zu gutmütig hält, befürchtet sie, dass bei einer Scheidung das Haus, das sie ihrem Sohn während der Ehe schenken oder vererben wird, zur Hälfte der ungeliebten und nach ihrer Ansicht etwas geldgierigen Schwiegertochter gehören wird.

Sind Schenkungen und Erbschaften ausgleichspflichtig? Vermögen, das einem Ehegatten während der Ehe durch Erbschaft oder Vermächtnis anfällt oder das er mit Rücksicht auf ein künftiges Erbrecht, durch Schenkung oder als Ausstattung erwirbt, soll für den anderen keine Ausgleichsansprüche auslösen. Unter Ausstattung versteht man dabei alles, was einem Kind von seinen Eltern mit Rücksicht auf seine Verheiratung, Lebenspartnerschaftsbegründung zur Erlangung einer selbstständigen Lebensstellung oder zu deren Erhaltung zugewendet wird (§ 1624 BGB), also ungefähr das, was oft als Aussteuer oder Startkapital bezeichnet wird.

Die Herausnahme dieses sog. **privilegierten Vermögens** aus dem Zugewinnausgleich hat ihren Grund darin, dass dieses Vermögen kein Ergebnis einer gemeinsamen Wertschöpfung beider Partner darstellt. Aufgrund desselben Umstandes unterliegt auch eine Lebensversicherungssumme, die ein Ehegatte als Bezugsberechtigter aus der Versicherung eines ihm nahe stehenden verstorbenen Dritten erhält, nicht dem Zugewinnausgleich.

Der vorbezeichnete Vermögenserwerb wird dem Anfangsvermögen hinzugerechnet und damit so behandelt, als sei er bei Eheschließung bereits vorhanden gewesen. Allerdings ist zu beachten, dass durch diesen gesetzgeberischen Kunstgriff zwar der Gegenstand selbst nicht dem Zugewinnausgleich unterliegt, wohl aber seine **Wertsteigerungen.** Schenken Eltern ihrer Tochter während der Ehe ein Grundstück, das bei der Schenkung als Bauerwartungsland 50.000 EUR wert war, und erlangt es später Baulandqualität mit einem Preis von 120.000 EUR, so stellen die 70.000 EUR einen Zugewinn dar.

Beispiel: Das der Tochter von ihren Eltern geschenkte Haus war bei der Zuwendung 150.000 EUR wert, bei Ehescheidung nach zehnjähriger Ehe 200.000 EUR. Frieda wendet ein, dieser Unterschied beruhe nur auf dem Kaufkraftschwund des Geldes.

Die Rechtsprechung hält nur **echte** Wertsteigerungen für ausgleichspflichtig, nicht aber Scheingewinne, die auf der inflationsbedingten Entwertung des Geldes beruhen. Deshalb rechnen die Gerichte das Anfangsvermögen aufgrund des vom Statistischen Bundesamt berechneten Verbraucherpreisindex auf die Werte des Endvermögens um. Dazu wird das Anfangsvermögen mit dem Index zur Zeit der Beendigung des Güterstandes multipliziert und anschließend durch den Index zur Zeit der Zuwendung dividiert. Da die Indexreihen mehrfach gewechselt haben, gestaltet sich die Berechnung etwas kompliziert. Das Statistische Bundesamt gibt hierzu eine „lange Reihe" heraus, in der die verschiedenen Indizes verkettet sind. Sie sind unter www.destatis.de unter folgendem Link https://www.destatis.de/DE/Themen/Wirtschaft/Preise/Verbraucherpreisindex/Publikationen/Downloads-Verbraucherpreise/verbraucherpreisindex-lange-reihen-pdf-5611103.html (Stand: 23.5.2019) im Internet kostenfrei abrufbar.

Beispiel: Moritz hat von seiner Mutter ein Haus „auf dem Land" geerbt. Es hatte damals einen Wert von 200.000 EUR. Nach Umrechnung mit dem Verbraucherpreisindex beträgt der Wert 250.000 EUR. In Wirklichkeit ist das Haus wegen der seit dem Erbfall sinkenden Immobilienpreise in der früheren Grenzlandregion aber nur mehr 150.000 EUR wert. Moritz freut sich, weil er dadurch seinen während der Ehe angesparten „Bausparer" voll kompensieren kann.

Die Umrechnung der Anfangswerte mit dem Verbraucherpreisindex erfolgt nach der Rechtsprechung unabhängig von der tatsächlichen Wertentwicklung. Deshalb kann bei sinkenden Immobilienpreisen, einem gefallenen Aktienpreis etc. ein Wert entstehen, der einen echten Zugewinn kompensiert, so dass der andere Ehegatte nichts erhält oder sogar noch etwas von seinem Zugewinn herauszahlen muss. Zum gleichen Ergebnis führen „negative" Schenkungen oder Erbschaften. Nimmt der Ehemann aus moralischen Gründen die Erbschaft seiner Mutter an, obwohl wegen hoher Pflegeheimkosten letztlich nur Schulden bleiben, vermindert er dadurch seinen Zugewinn. Gleiches gilt für die Schenkung einer Immobilie mit hohen Schulden in einer Ehekrise, um die Familie auf Kosten des Partners zu entschulden. Schrottimmobilien könnten insoweit noch einmal zum Einsatz kommen.

Beispiel: Als sich Moritz und Frieda nach dreißigjähriger Ehe scheiden lassen, weiß keiner mehr, was ihm bei Eheschließung gehörte. Moritz meint, dass Frieda, wenn sie einen Ausgleichsanspruch geltend machen wolle, auch das jeweilige Anfangs- und Endvermögen bei Gericht beweisen müsse.

Das Gesetz geht davon aus, dass Ehegatten „in der Hochzeitsnacht" über ihr Anfangsvermögen ein Verzeichnis aufstellen, mit dem Datum versehen, gemeinsam unterzeichnen und ihre Unterschriften auf Verlangen eines Partners von einem Notar beglaubigen, d. h. als echt bestätigen lassen. Besteht ein gemeinsam errichtetes Verzeichnis, so wird dessen Richtigkeit und Vollständigkeit vermutet. Fehlt ein solches Verzeichnis, dann besteht umgekehrt die Vermutung, dass kein Anfangsvermögen bestanden hat und deshalb bei beiden Partnern nur ein Zugewinn vorhanden ist (§ 1377 Abs. 3 BGB). Diese Vermutung kann allerdings, z. B. durch Kontoauszüge, widerlegt werden. Zur späteren Beweiserleichterung sollte jeder Partner „als Andenken" die Kontoauszüge vom Tag der Eheschließung aufheben. Auch bei Schenkungen von Eltern sollte der „Geldfluss" zum späteren Nachweis zweckmäßigerweise auf ein Konto des Kindes fließen. Die im Kuvert überreichten 50.000 EUR lassen sich, wenn die Eltern bei der Scheidung schon verstorben oder dement sind, kaum noch nachweisen. Allerdings kann auch eine in guten Tagen abgegebene schriftliche Bestätigung des Partners später helfen.

Beispiel: Moritz hat seinem gehbehinderten Vater fünfzehn Jahre vor seiner Scheidung ein Auto geschenkt. Kurz vor Einleitung des Scheidungsverfahrens hat er 5.000 EUR „auf den Kopf gehauen", als er Frieda mit einem anderen Mann im ehelichen Schlafzimmer „in flagranti" ertappte. Frieda meint, so viel sei das „Erlebnis" nicht „wert" gewesen, dadurch könne jedenfalls ihr Ausgleichsanspruch nicht gemindert werden.
Lisa hat, als ihr Dagmar ihre Liebe zu Nicole beichtete, die teure Ming-Vase zerstört und den Chagall verbrannt, bevor sie einen Selbstmordversuch unternahm.

Bleiben sämtliche Vermögensminderungen außer Betracht? Um zu verhindern, dass ein Partner den Zugewinnausgleichsanspruch des anderen schmälert oder sogar vereitelt, werden dem Endvermögen hinzugerechnet (§ 1375 Abs. 2 BGB):

- unentgeltliche Zuwendungen, die nicht einer sittlichen Pflicht oder dem Anstand entsprechen;
- Vermögensverschwendungen und
- Vermögensverschiebungen in der Absicht, den anderen Partner zu benachteiligen.

Eine Vermögensverschwendung erfordert einen Hang zu unvernünftigen Ausgaben. Ein Handeln aus Wut, Enttäuschung und Verärgerung ist zwar nicht billigenswert, aber menschlich verständlich und löst deshalb keinen Ausgleichsanspruch des fremdgehenden Ehegatten aus. Die Zerstörung von Gegenständen im Zusammenhang mit einem Selbstmordversuch stellt keine in Benachteiligungsabsicht vorgenommene Handlung dar. Die Hinzurechnung erfolgt ferner nicht, wenn die betreffenden Maßnahmen länger als zehn Jahre (wie im Beispielsfall die Schenkung des Autos) zurückliegen oder der andere Ehegatte (z. B. bei einer Schenkung an ein Kind) einverstanden war.

Beispiel: Moritz hat bei Einreichung des Scheidungsantrags kein Geld mehr. Frieda ist sicher, dass bei ihrem Auszug noch 50.000 EUR im Tresor waren. Sie verlangt von Moritz Auskunft, was er bei ihrer Trennung hatte und was mit dem Geld passiert sei. Moritz erklärt ihr, dass maßgeblicher Stichtag die Einleitung des Gerichtsverfahrens sei und es sie nichts angehe, was er mit seinem schwer verdienten Geld mache. Frieda hatte sich vorsorglich ein Foto des Geldbündels mit ihrem Handy beim Auszug gemacht.

Jeder Ehegatte kann nach einer Trennung vom anderen **Auskunft** über das Vermögen zum Zeitpunkt der Rechtshängigkeit des Scheidungsantrags und zusätzlich auch zum Zeitpunkt der Trennung verlangen. Geschuldet sind die Vorlage eines Vermögensnachweises und auf Aufforderung auch Belege. Ist das Vermögen zum Zeitpunkt der Trennung höher gewesen als bei Rechtshängigkeit des Scheidungsantrags, wird vermutet, dass die Vermögensminderung auf illoyalen Handlungen beruhte. Das Gegenteil (z. B. Aktienkursverluste, Beschädigungen von Wertgegenständen etc.) muss der auskunftspflichtige Ehegatte beweisen (§§ 1375 Abs. 2 S. 2, 1379 BGB). Durch diese Regelung wird faktisch der Trennungszeitpunkt zum maßgeblichen Stichtag für das Endvermögen, wenn es später „schwindet".

Beispiel: Moritz hat ein Anfangsvermögen von 100.000 EUR, Frieda hat nichts. Während der Ehe überträgt Moritz auf Frieda ein von ihm gekauftes Auto im Wert von 50.000 EUR. Bei Scheidung hat Moritz 300.000 EUR, Frieda wieder nichts. Frieda verlangt 100.000 EUR von Moritz. Dieser meint, sie habe ohnehin schon 50.000 EUR erhalten, deshalb müsse höchstens er etwas zurückbekommen.

Wie wirken sich Zuwendungen an den Ehegatten aus? Zuwendungen unter Ehegatten stellen nur in Ausnahmefällen echte Schenkungen dar. Regelmäßig dienen sie der Verwirklichung der ehelichen Lebens- und Wirtschaftsgemeinschaft. Ihre Rückabwicklung erfolgt im gesetzlichen Güterstand der Zugewinngemeinschaft nach den Regeln des Zugewinnausgleichs. Sie sind nach § 1380 BGB auf die Ausgleichsforderung des begünstigten Partners anzurechnen. Dazu wird der Wert der Zuwendung dem Endvermögen des Partners zugerechnet, der die Zuwendung gemacht hat, und vom Endvermögen des Empfängers abgezogen. Auf den sich dann ergebenen Ausgleichsanspruch wird der Wert der Zuwendung angerechnet.

Damit beträgt im Beispiel das Endvermögen von Moritz 350.000 EUR (300.000 EUR plus 50.000 EUR Zuwendung), sein Zugewinn somit 250.000 EUR. Von der Hälfte (125.000 EUR) werden die erhaltenen 50.000 EUR abgezogen; es ergibt sich also ein Ausgleichsanspruch von 75.000 EUR.

Beispiel: Ludwig hat einen „Zugewinn" von 50.000 EUR erzielt. Er wendet Klaus, der selbst ohne Zugewinn ist, seine 50.000 EUR kurz vor der Scheidung zu.

Bei Zuwendungen über den Zugewinnausgleichsanspruch hinaus, kommt § 1380 BGB nicht zur Anwendung. Der Ausgleich wird unter

Berücksichtigung der tatsächlichen Vermögenssteigerungen ohne komplizierte Hinzu- und Anrechnungen ermittelt.

Damit beträgt das Endvermögen von Ludwig Null, das von Klaus 50.000 EUR. Dies ist sein Zugewinn, von dem 25.000 EUR Ludwig als Ausgleichsforderung zustehen.

Beispiele: Beide Ehegatten sind selbstständig und haben kein Anfangsvermögen. Frieda hat ihr ganzes Geld während der Ehe dazu verwendet, ihre Altersversorgung in der gesetzlichen Rentenversicherung durch Zahlung freiwilliger Beiträge aufrechtzuerhalten. Moritz hat dagegen eine private Kapitallebensversicherung abgeschlossen. Außerdem hat er 50.000 EUR im Lotto gewonnen und bei einem Unfall 20.000 EUR Schmerzensgeld erhalten; sämtliche Beträge sind noch vorhanden. Als Moritz hört, dass er an seine Frau Frieda einen Zugewinnausgleich bezahlen müsse, hält er das für ungerecht, da es sich um keine „ehebedingten Wertschöpfungen" handle.
Als sich Ludwig und Klaus scheiden lassen, erhält Ludwig bereits eine Rente aus einer Lebensversicherung. Klaus meint, dass ihm die Hälfte zustünde, da die Versicherung während ihrer Ehe aufgebaut worden sei.

Welche Werte sind im Anfangs- und Endvermögen zu berücksichtigen? In den Zugewinn einzubeziehen sind grundsätzlich sämtliche geldwerten Vermögensgegenstände, **ausgenommen Rentenberechtigungen,** die beim Versorgungsausgleich zu berücksichtigen sind. Während die gesetzlichen Rentenversicherungen, die betriebliche Altersversorgung, Beamtenpensionen und Anrechte nach dem Altersvorsorgeverträge-Zertifizierungsgesetz in den Versorgungsausgleich einzustellen sind, fallen Anrechte auf Zahlung einer Kapitallebensversicherung in den Zugewinnausgleich. Eine Ausnahme gilt für eine vom Arbeitgeber als Direktversicherung zur betrieblichen Altersversorgung abgeschlossene Kapitallebensversicherung, die dem Versorgungsausgleich unterliegt (§ 2 Abs. 2 Nr. 3 VersAusglG). Im Alleineigentum eines Partners stehende Haushaltsgegenstände (z. B. die Wohnungseinrichtung einschließlich Geschirr, Besteck, Haushaltsgeräte, Bettwäsche, Handtücher, Radio, Fernsehgerät, Bücher, Nahrungsmittel, Heizmittelvorrat) zählen ebenfalls zu dem dem Zugewinnausgleich unterliegenden Vermögen. Bei Miteigentum an Haushaltsgegenständen ist dies umstritten; wegen der Sonderregelung des § 1568 b BGB unterfallen sie wohl nicht dem Zugewinnausgleich. Auch Vermögenswerte, die in keinem Zusammenhang mit der ehelichen Wirtschaftsgemeinschaft stehen, sind in die Berechnung des Zugewinns einzubeziehen. Ausgleichspflichtig sind deshalb auch ein Lottogewinn, ein Schmerzensgeld und eine Abfindung, die ein Ehegatte bei der Wiederheirat für den Wegfall der Witwenrente erhalten hat.

Beispiele: Frieda hat als Zugewinn nur eine schuldenfreie Eigentumswohnung mit einem steuerlichen Einheitswert von 17.000 EUR. Moritz hat als Zugewinn lediglich 3.000 EUR auf einem Sparbuch. Moritz will sich nicht mit den angebotenen 7.000 EUR zufrieden geben, sondern verlangt die Berechnung aus dem Verkehrswert der Wohnung.
Ludwig hat während der Ehe mit Klaus eine Steuerkanzlei mit Lisa aufgebaut. Der Gesellschaftsvertrag sieht für den Fall der Kündigung der Gesellschaft nur eine eingeschränkte Abfindung, insbesondere ohne Berücksichtigung des Goodwills, vor. Klaus möchte die Hälfte des Verkehrswertes.

Nach welchen Grundsätzen erfolgt die Bewertung des Vermögens? Die Aktiva und Passiva des Anfangs- und Endvermögens sind regelmäßig mit ihrem Verkehrswert anzusetzen. Bei Grundbesitz ist also nicht der Einheitswert oder ein nach dem Bewertungsgesetz berechneter steuerlicher Wert maßgeblich, sondern der bei einem Verkauf zu erzielende Preis. Ein Einzelunternehmer kann nicht auf seine rein steuerlichen Buchwerte verweisen. Regelmäßig erfolgt die Bewertung nach dem (modifizierten) Ertragswertverfahren, wobei nicht betriebsnotwendige Wirtschaftsgüter des Anlagevermögens mit einem zusätzlich zu ermittelnden gemeinen Wert anzusetzen sind. Bei einer Unternehmensbeteiligung ist ebenfalls der wirkliche Wert einschließlich der stillen Reserven und des Goodwills zu berücksichtigen. Enthält der Gesellschaftsvertrag eine Bestimmung, wonach beim Ausscheiden eines Gesellschafters nur eine geringere Abfindung zu entrichten ist, kommt es darauf an, ob zum Stichtag das Ausscheiden bereits feststeht. Setzt der Gesellschafter seine Beteiligung fort, kann sich die Abfindungsklausel lediglich wertmindernd auf den Zugewinn auswirken. Eine Ausnahme macht das Gesetz nur bei land- und forstwirtschaftlichen Betrieben. Bei ihnen ist der Ertrags- und nicht der höhere Substanzwert maßgeblich (§ 1376 Abs. 4 BGB); dies gilt aber nicht für im Betriebsvermögen vorhandene Baugrundstücke und ebenso nicht für während der Ehe hinzuerworbene landwirtschaftliche Flächen. Weitere Einschränkung ist, dass der Hof lebensfähig ist und fortgeführt wird. Vom Ertragswert ist bei Fremdverbindlichkeiten nur die hierauf entfallende Zinsbelastung zu berücksichtigen. Liegen diese Voraussetzungen vor, ist derjenige Partner, der jahrelang in der Landwirtschaft seines Ehegatten mitgearbeitet hat, beim Ausgleich allerdings angesichts der derzeitigen Ertragslage land- und forstwirtschaftlicher Betriebe nach der gesetzlichen Regelung der Dumme.

Der grundsätzliche Ansatz von Vermögensgegenständen im Zugewinnausgleich mit dem Verkehrswert bedeutet nicht, dass der Wert maßgeblich ist, der sich sogleich realisieren lässt. Nur dann, wenn der Ausgleichspflichtige gezwungen ist, Gegenstände seines Endvermögens unwirtschaftlich zu liquidieren, ist dieser Umstand im Rahmen einer **sachverhaltensspezifischen Wertermittlung** zu berücksichtigen. In derartigen Fällen prüfen die Gerichte jedoch vorab, ob eine unwirtschaftliche Liquidation durch eine Stundung vermieden werden kann.

Streitigkeiten hinsichtlich der Bewertung ergeben sich häufig bei Grundstücken, die unter Vorbehalt von Rechten (Nießbrauch, Altenteil, Leibgedinge) von Eltern einem Ehegatten geschenkt werden. Ein vorbehaltener Nießbrauch oder ein vorbehaltenes Wohnungsrecht werden beim Zugewinnausgleich grundsätzlich nicht berücksichtigt. Erbringt der Beschenkte keinerlei Leistungen, da z. B. die Mieteinnahmen ausreichen, um die vereinbarte Leibrente zu bezahlen und für die Erhaltung der Immobilie zu sorgen, bleiben gegenüber dem Schenkenden zu erbringende Leistungen unberücksichtigt. Anders ist es, wenn der Beschenkte Geldzahlungen oder geldwerte Leistungen aus seinem persönlichen Vermögen oder mittels seiner Arbeit zu erbringen hat. In diesem Fall muss beispielsweise die versprochene Leibrente kapitalisiert und beim Anfangsvermögen abgezogen werden. Beim Endvermögen ist dieser Wert aufgrund der niedrigeren Lebenserwartung geringer. Ist der Schenker zu diesem Zeitpunkt verstorben, ist die Leibrente im Endvermögen nicht mehr zu berücksichtigen. Die Berücksichtigung der Wertsteigerung im Zugewinnausgleich ist auch nicht ungerecht, da die Vermögensaufwendungen oder Arbeitsleistungen den Zugewinn ebenso schmälern wie Einmalzahlungen an weichende Erben. Probleme ergeben sich ferner bei Anwartschaften aus einer Kapitallebensversicherung. Diese sind mit dem Rückkaufswert, d. h. dem Betrag zu bewerten, den der Versicherer im Falle der vorzeitigen Kündigung des Versicherungsverhältnisses zu zahlen hätte. Er umfasst die Beträge des Deckungskapitals, der bereits zugeteilten Überschussanteile und des vorgesehenen Schlussüberschussanteils. Ein Stornoabzug ist nur zulässig, wenn die Fortführung nicht zu erwarten ist. Ist nur die weitere Prämienzahlung nicht gesichert, kann auch eine Umwandlung in eine prämienfreie Versicherung in Betracht gezogen werden, sofern dies wirtschaftlich sinnvoll ist.

Beispiel: Moritz und Frieda sind seit sieben Jahren verheiratet. Als es zu „kriseln" beginnt, vereinbaren sie vorsorglich in einem notariellen Ehevertrag Gütertrennung. Als es drei Jahre später zur Scheidung kommt, fordert Frieda den Ausgleich des Zugewinns. Moritz meint, dass dieser durch die Gütertrennung gerade ausgeschlossen worden sei.

In welchen Fällen ist ein Zugewinnausgleich durchzuführen? Zum güterrechtlichen Zugewinnausgleich kommt es vor allem durch Scheidung, Eheauflösung und Nichtigerklärung der Ehe. Schließen Ehegatten während des Bestehens ihrer Ehe einen Ehevertrag, in dem sie Gütertrennung oder Gütergemeinschaft vereinbaren, so endet der gesetzliche Güterstand; deshalb ist der Zugewinn auszugleichen. Bei Vereinbarung von Gütertrennung wird allerdings häufig gleichzeitig gegenseitig auf etwaige Ausgleichsansprüche für die bisherige Dauer der Ehe **verzichtet.** Ist dies nicht der Fall, entsteht bei Abschluss des Ehevertrages, mit dem der Güterstand gewechselt wird, der Zugewinnausgleichsanspruch. Dessen Verjährung ist bis zu einer Scheidung der Ehe gehemmt (§ 207 Abs. 1 S. 1 BGB).

Beispiel: Moritz und Frieda leben seit zwei Jahren getrennt. Moritz hat mehrere junge Freundinnen, die ihn sehr viel Geld kosten. Deshalb hat er auch sein Girokonto bereits erheblich überzogen. Frieda befürchtet, dass bis zur Scheidung „nichts mehr da ist", und möchte möglichst sofort ihren Zugewinnausgleichsanspruch geltend machen.

Das Gesetz erlaubt es, in einigen Fällen schon vor der Scheidung auf **vorzeitigen Ausgleich** des Zugewinns zu klagen. So kann nach mindestens dreijährigem Getrenntleben jeder Partner vorzeitigen Zugewinnausgleich fordern (§ 1385 BGB). Ein Antrag auf vorzeitigen Ausgleich des Zugewinns ist ferner bei schwerwiegenden Verstößen des anderen Partners gegen wirtschaftliche Verpflichtungen, die sich aus dem ehelichen Verhältnis ergeben, möglich. Ebenso ist dies, wenn Handlungen zu befürchten sind, die eine Vermögensverschwendung oder -verschiebung darstellen, und bei Verfügungen ohne die gemäß § 1365 BGB erforderliche Zustimmung. Gleiches gilt ferner, wenn ein Ehegatte sich beharrlich weigert, seinen Partner über den Bestand seines Vermögens zu unterrichten (§ 1386 BGB). Beispiele sind der Verkauf von Wertpapieren, die grundlose Auflösung von Konten, der Verbrauch von Ersparnissen und der wirtschaftlich unvernünftige Verkauf von Immobilien. Der Antrag auf Aufhebung der Zugewinngemeinschaft kann mit dem Zahlungsantrag auf Entrichtung des Zugewinnausgleichs verbunden werden. Mit Rechtskraft der Entscheidung, die die Zugewinngemeinschaft aufhebt, tritt Gütertrennung ein.

Beispiel: Frieda fordert zwei Jahre nach Ehescheidung den Ausgleich des Zugewinns durch Übereignung eines Grundstücks. Moritz meint, der Anspruch sei verjährt, da er nicht bei Scheidung geltend gemacht worden sei. Außerdem habe Frieda einen Freund gehabt und sei deshalb an der Scheidung „schuld".

Was ist bei der Geltendmachung der Ausgleichsforderung zu beachten? Die Zugewinnausgleichsforderung ist im Regelfall in Geld zu zahlen und wird **mit Beendigung** des Güterstandes fällig. Ab diesem Zeitpunkt ist der Anspruch vererblich und übertragbar. Stirbt der Erblasser vor Scheidung der Ehe entsteht die Ausgleichsforderung nicht und geht deshalb auch nicht auf die Erben über.

Auf Antrag des Berechtigten – nicht des Verpflichteten – kann das Familiengericht anordnen, dass der ausgleichspflichtige Ehegatte ihm bestimmte Gegenstände seines Vermögens unter Anrechnung auf die Ausgleichsforderung überträgt (§ 1383 BGB). Dadurch soll vermieden werden, dass ein Partner alle wertbeständigen Vermögensgegenstände behält, während dem anderen lediglich eine Geldforderung zusteht.

Das Familiengericht kann eine nicht bestrittene Ausgleichsforderung auf Antrag **stunden,** wenn die sofortige Zahlung den Verpflichteten besonders hart treffen würde und dem Gläubiger eine Stundung zugemutet werden kann (§ 1382 Abs. 1 BGB). Die Ausgleichsforderung verjährt in drei Jahren ab Ende des Jahres, in dem der ausgleichsberechtigte Ehegatte Kenntnis von der Beendigung des Güterstandes erlangt. Die Frist beginnt auch bei grob fahrlässiger Unkenntnis (§§ 195, 199 BGB). Die Höchstfrist beträgt zehn Jahre (§ 199 Abs. 4 BGB), bei Beendigung des Güterstandes durch den Tod dreißig Jahre (§ 199 Abs. 3a BGB).

Der Schuldner kann die Erfüllung der Ausgleichsforderung verweigern, soweit der Ausgleich des Zugewinns nach den Umständen des Falles **grob unbillig** wäre (§ 1381 BGB). Eheverfehlungen, wie z. B. ein heimlicher „Seitensprung“, und eine ungewöhnlich lange Trennungszeit (z. B. 17 Jahre) sind dabei grundsätzlich nicht zu berücksichtigen. Anders ist dies bei einer jahrelang andauernden sexuellen „Zweitbeziehung“, einem Tötungsversuch und dem Unterschieben von vier Kindern. Bei einer Unterschlagungshandlung sind aufrechenbare Gegenansprüche vorrangig. Hat ein Ehegatte den anderen verlassen und sich einem anderen Partner zugewandt, kann das Leistungsverweigerungsrecht bestehen, wenn der Zugewinn durch den anderen Teil erst nach der Trennung erzielt wurde. Dies gilt auch, wenn der Zugewinn auf einem Rechtsgeschäft beruht, dem jeglicher Bezug zur gemeinsamen Lebensgemeinschaft fehlt (z. B. günstiger Kauf eines Hausgrundstücks mit der Freundin kurz vor Zustellung des Scheidungsantrags). Beruht ein Vermögenserwerb auf besonderer Tüchtigkeit eines Partners, genügt dies nicht bereits, um eine grobe Unbilligkeit anzunehmen. Ein verliehener Preis, eine geglückte Aktienspekulation, der nach der Trennung erzielte Lottogewinn, der Bestseller, ein Hit und eine wertvolle Erfindung fallen deshalb in den Ausgleich.

Beispiel: Moritz erklärt, er werde Frieda „keinen Cent" zahlen. Er habe seine Bank angewiesen, Frieda keinerlei Auskunft über seine Konten zu geben. Außerdem hätte es ihm Frieda schriftlich gegeben, dass sie von ihm bei einer Scheidung nichts wolle. Hiermit sei er einverstanden gewesen.

Um jedem Partner die Berechnung des Zugewinns zu ermöglichen, sind beide verpflichtet, über den Bestand ihres Endvermögens und das zum Zeitpunkt der Trennung vorhandene Vermögen **Auskunft** zu geben (§ 1379 BGB). Hierzu ist eine Aufstellung zu fertigen. Auf Anforderung sind Belege vorzulegen. Jeder Partner kann verlangen, dass er bei der Aufnahme des Verzeichnisses zugezogen und dass der Wert der Vermögensgegenstände und Verbindlichkeiten ermittelt wird. Auch die Aufnahme eines Verzeichnisses durch einen Notar kann gefordert werden. Hinsichtlich des **Anfangsvermögens** besteht eine derartige Verpflichtung nicht. Hier ist jeder Ehegatte selbst an einem Nachweis interessiert, da sonst sein Endvermögen insgesamt als Zugewinn angesehen wird.

Den Ehegatten ist es verboten, sich vor Beendigung des Güterstandes zu verpflichten, über die Ausgleichsforderung zu verfügen (§ 1378 Abs. 3 BGB). Unwirksam ist deshalb beispielsweise eine Abtretung der künftigen Forderung an einen Dritten zur Sicherung eines Kredits. Dagegen sind Vereinbarungen der Ehegatten über den Ausgleich des Zugewinns bereits vor Rechtshängigkeit des Scheidungsantrags zulässig, wenn diese notariell beurkundet werden. **Mündliche** oder **schriftliche Abmachungen während** des Bestehens des Güterstandes sind dagegen **nichtig.** So ist beispielsweise eine zur Abgeltung des Zugewinnausgleichs geschlossene schriftliche Vereinbarung über die Beteiligung der ausgleichsberechtigten Ehefrau am Erlös aus dem Verkauf einer zum Vermögen des Mannes gehörenden Eigentumswohnung unwirksam. Gleiches gilt für ein Schuldversprechen oder ein Schuldanerkenntnis über Zugewinnausgleichsansprüche vor deren Entstehen.

Beispiel: Moritz ist mit Frieda verheiratet. An seinem Arbeitsort hat er eine Lebensgefährtin, mit der er während der Woche zusammenlebt. Er finanziert ihr eine Eigentumswohnung. Als Frieda von der Sache erfährt, lässt sie sich scheiden. Vermögen ist nicht mehr da; die Wohnung war nicht billig. Frieda möchte von der „Geliebten" die ihr zustehende Hälfte des Geldes zurück.

Besteht die Zugewinnausgleichsforderung deshalb nicht, weil ein Ehegatte in der Absicht, den anderen zu benachteiligen, unentgeltliche Zuwendungen gemacht hat, kann der begünstigte Dritte unmittelbar in Anspruch genommen werden. Gleiches gilt, soweit der Partner durch andere Rechtshandlungen benachteiligt worden ist und die Benachteiligungsabsicht dem dadurch **bereicherten Dritten** bekannt ist (§ 1390 BGB). In diesen Fällen kann der benachteiligte Ehegatte unmittelbar Zahlung vom Drittbegünstigten verlangen. Dieser kann die Zahlung durch Herausgabe des Erlangten abwenden. Er haftet in voller Höhe des Wertes der Schenkung für die Zugewinnausgleichsforderung neben dem illoyalen Ehegatten als Gesamtschuldner, also nicht nur auf den infolge der Schenkung fehlenden Betrag. Er ist dem benachteiligten Ehegatten zur Auskunft verpflichtet.

Beispiel: Frieda ist verstorben. Sie war Hausfrau, hatte von ihren Eltern einen Mietsblock geerbt, aber während der Ehe keinerlei weiteres Vermögen erworben. Moritz hatte einen Zugewinn von 500.000 EUR erzielt. Die gemeinsamen Kinder meinen, Moritz stünde kein Zugewinnausgleich zu, vielmehr würden sie – jedenfalls teilweise – die Ausgleichsforderung der Frieda gegen Moritz erben.

Wie wird der Zugewinnausgleich beim Tod eines Ehegatten durchgeführt? Die Beendigung der Zugewinngemeinschaft durch den Tod eines Ehegatten ist die Regel. Der Gesetzgeber wollte dem überlebenden Partner eine Einzelabrechnung des Zugewinns ersparen und Streitigkeiten zwischen nahen Angehörigen verhindern. Der Zugewinnausgleich wird daher beim Tod eines Ehegatten in der Weise verwirklicht, dass sich der gesetzliche Erbteil des überlebenden Ehegatten um ein Viertel erhöht (§ 1371 Abs. 1 BGB). Aufgrund dieser **pauschalen Abgeltung** erhält ein Ehegatte neben Kindern des Verstorbenen die Hälfte sowie neben dessen Eltern, Geschwistern und Großeltern drei Viertel des Nachlasses. Sind nur weiter entfernte Verwandte vorhanden, so ist der überlebende Partner Alleinerbe. Auf Seiten des verstorbenen Ehegatten wird dagegen kein Zugewinnausgleich, der den Erben zugute käme, durchgeführt.

Die Erhöhung des **gesetzlichen Erbteils** des längerlebenden Ehegatten erfolgt ohne Rücksicht darauf, ob er während des Güterstandes den geringeren oder größeren Zugewinn erzielt hat. Die pauschale Durchführung des Zugewinnausgleichs ist selbst dann anwendbar, wenn die Ehe nur kurze Zeit, z. B. wenige Stunden oder Tage, dauerte. Voraussetzung ist jedoch, dass die Zugewinngemeinschaft beim Tod eines Ehegatten noch bestanden hat.

Beispiel: Moritz ist verstorben, er hat kein Testament hinterlassen. Frieda wird neben den gemeinschaftlichen Kindern Erbin zu ein Halb. Sie meint, beim Zugewinnausgleich stünde sie besser, da Moritz während der Ehe ein großes Vermögen erworben hätte. Außerdem möchte sie wissen, was ihr zugestanden wäre, wenn Moritz sie völlig enterbt hätte.

§ 1371 Abs. 1 BGB spricht von der Erhöhung des **gesetzlichen Erbteils.** Der Zugewinn ist also nur dann erbrechtlich auszugleichen, wenn der überlebende Ehegatte gesetzlicher Erbe wird. Anders ist dies deshalb in den folgenden Fällen, in denen der hinterbliebene Ehegatte nicht gesetzlicher Erbe wird:

- Liegen im Zeitpunkt des Erbfalls die Scheidungsvoraussetzungen vor (§ 1933 BGB), ist der überlebende Ehegatte durch Urteil wegen einer Straftat, einer Täuschung, Drohung oder Beeinträchtigung der Testierfreiheit gegenüber seinem Partner für erbunwürdig erklärt, ist ihm wegen Lebensnachstellung, eines Verbrechens, eines schweren vorsätzlichen Vergehens, einer Unterhaltspflichtverletzung oder einer rechtskräftigen Verurteilung der Pflichtteil entzogen worden (§§ 2333, 2339 BGB) oder hat er selbst durch notariellen Vertrag auf sein gesetzliches Erbrecht verzichtet, so erhält er nur den Zugewinnausgleich nach der güterrechtlichen Lösung. Ein Anspruch auf den Erb- oder Pflichtteil steht dem überlebenden Ehegatten in den vorstehenden Fällen, in denen er nicht Erbe wird, daneben nicht zu.

- Hat der Verstorbene seinen Partner in einem Testament oder Erbvertrag enterbt, so kann dieser ebenfalls den güterrechtlichen Anspruch fordern; dies gilt auch hier nur, wenn er den geringeren Zugewinn erzielt hatte. Daneben steht ihm aber noch der Pflichtteil zu. Dieser besteht in der Hälfte des gesetzlichen nicht erhöhten Erbteils (sog. kleiner Pflichtteil, § 1371 Abs. 2 BGB). Er beträgt neben Kindern des Verstorbenen ein Achtel des Nachlasses. Es handelt sich um einen Geldanspruch.
- Der überlebende Ehegatte kann die vorstehend geschilderten Rechte auch in Anspruch nehmen, wenn er die Erbschaft oder ein ihm zugewendetes Vermächtnis ausschlägt (§ 1371 Abs. 3 BGB). Dies ist für ihn günstiger, wenn nahezu das gesamte Vermögen des Verstorbenen während der Ehe erworben wurde, während der Überlebende aufgrund der Kindererziehung, der Führung des Haushalts oder aber auch aufgrund bloßen „Pechs" keinen Zugewinn erzielt hat. Hat Moritz 24.000 EUR hinterlassen, die er während der Ehe angesammelt hat, so beträgt bei Ausschlagung der Erbschaft durch Frieda ihr Zugewinnausgleichsanspruch 12.000 EUR. Dieser Betrag ist als Nachlassverbindlichkeit von 24.000 EUR abzuziehen. Von dem verbleibenden Betrag erhält sie ein Achtel, also 1.500 EUR, der Rest fällt an die gemeinschaftlichen Kinder zu gleichen Anteilen. Zusammen mit dem Zugewinnausgleich erhält sie also 13.500 EUR. Bei der erbrechtlichen Lösung stünden Frieda dagegen nur 12.000 EUR zu, ein Viertel des Nachlasses als Erbteil und ein weiteres Viertel als pauschaler Zugewinnausgleich. Allerdings hat die Ausschlagung auch einen Nachteil: Als gesetzlicher Erbe erhält der überlebende Ehegatte nämlich den sogenannten **Voraus** (§ 1932 BGB); es handelt sich dabei um die zum ehelichen Haushalt gehörenden Gegenstände. Neben Abkömmlingen des Verstorbenen erhält er sie allerdings nur, soweit er sie zur Führung eines angemessenen Haushalts benötigt. Schlägt der überlebende Teil die Erbschaft aus, so geht ihm dieser Anspruch verloren.

- Erbt der überlebende Ehegatte aufgrund einer Verfügung von Todes wegen (Testament oder Erbvertrag) oder ist ihm darin ein Vermächtnis zugewandt, kommt es zu keinem pauschalen Zugewinnausgleich. Der Gesetzgeber geht vielmehr davon aus, dass nach dem Willen des Erblassers mit der letztwilligen Zuwendung auch ein etwaiger Zugewinnausgleichsanspruch abgegolten sein soll. Andererseits soll der Überlebende nicht „mit einem Butterbrot abgespeist" werden, deshalb hat er einen Anspruch darauf, dass er mindestens den Pflichtteil erhält. Dieser errechnet sich hier aus dem nach § 1371 Abs. 1 BGB erhöhten Erbteil (sog. großer Pflichtteil). Neben Kindern des Verstorbenen muss der Ehegatte somit wertmäßig wenigstens die Hälfte seines Erbteils, der ein Halb beträgt, also ein Viertel des Nachlasses bekommen. Bleibt der Wert des Zugewandten dahinter zurück, so kann der überlebende Ehegatte insoweit eine Ergänzung verlangen. Hat Moritz im vorstehenden Fall Frieda mit einem Geldvermächtnis von 2.000 EUR bedacht, kann diese weitere 4.000 EUR fordern. Stattdessen bleibt es dem überlebenden Ehegatten auch hier unbenommen, die Erbschaft oder das Vermächtnis auszuschlagen und dann den (güterrechtlichen) Zugewinnausgleich sowie den kleinen Pflichtteil geltend zu machen. Schlägt also Frieda im vorherigen Beispiel das Vermächtnis aus, so stehen ihr 13.500 EUR zu. Ist dagegen kein oder nur ein geringer Zugewinn erzielt worden, so kann der Pflichtteilsergänzungsanspruch günstiger sein. Hatte zum Beispiel Moritz keinen Zugewinn erzielt, würde Frieda bei Ausschlagung lediglich 3.000 EUR erhalten (1/8 von 24.000 EUR, da hier kein Zugewinnausgleich als Nachlassverbindlichkeit abzuziehen ist), während sie bei der Pflichtteilsergänzung 6.000 EUR bekommt.

Der überlebende Ehegatte hat also eine Reihe von Wahlmöglichkeiten, deren Ausübung eine genaue rechnerische Prüfung der Vermögensverhältnisse im konkreten Fall voraussetzt. Dabei besteht ein zeitlicher Druck zu einer raschen Entscheidung, da die **Ausschlagungsfrist** für den Erben nur **sechs Wochen** beträgt (§ 1944 Abs. 1 BGB).

Wählt der überlebende Ehegatte die **erbrechtliche Lösung,** muss er ferner beachten, dass er **Stiefkindern** aus dem ihm zusätzlich gewährten Viertel die Mittel zu einer **angemessenen Ausbildung** gewähren muss.

2. Die Gütertrennung

a) Vermögensrechtliche Beziehungen

Beispiel: Die Ehegatten Moritz und Frieda haben in einem notariellen Ehevertrag Gütertrennung vereinbart. Frieda wollte die Gütertrennung, um nicht für Schulden ihres Mannes haften zu müssen. Später übernimmt Frieda für einen Bankkredit von Moritz „aus Liebe" eine Bürgschaft.

Das häufigste Motiv für die Vereinbarung der Gütertrennung ist der Wunsch, nicht für Verbindlichkeiten des Partners haften zu müssen. Hat ein Partner bereits vor der Ehe umfangreiche Schulden, so kommt hinzu, dass der andere Ehegatte regelmäßig nach außen Alleininhaber des gemeinsam geschaffenen Vermögens werden soll, um es dem Zugriff der Gläubiger des überschuldeten Teils zu entziehen. Es handelt sich dabei jedoch um einen weit verbreiteten Irrtum: Die Gütertrennung betrifft allein die vermögensrechtlichen Beziehungen der Ehegatten untereinander. Im Verhältnis zu **Dritten** hat sie – jedenfalls was die Schuldenhaftung anbelangt – **keine Bedeutung.** Es wurde bereits dargestellt, dass auch beim gesetzlichen Güterstand der Zugewinngemeinschaft kein Ehegatte für Schulden des anderen aufkommen muss. Hierin besteht kein Unterschied zur Gütertrennung. Wenn jedoch die Zugewinngemeinschaft endet, wird der haushaltsführende oder aus anderen Gründen „zu kurz gekommene" Partner am gemeinsam erwirtschafteten Vermögen beteiligt. Bei der Gütertrennung geht er dagegen leer aus.

Gütertrennung bedeutet, dass zwischen den Ehegatten keinerlei güterrechtliche Bindungen bestehen: Die Vermögen bleiben rechtlich gesondert. Jeder Ehegatte kann über sein Vermögen ohne Zustimmung des anderen verfügen, es veräußern und belasten sowie die sein Vermögen betreffenden Rechtsstreitigkeiten selbst führen.

Bei Beendigung der Ehe findet kein Vermögensausgleich statt. Kurz gesagt: Die Partner stehen güterrechtlich so, als wenn sie nicht miteinander verheiratet wären. Dies kann für die haushaltsführende Ehefrau, die aus (unbegründeter) Angst vor einer Schuldenhaftung auf die Vereinbarung der Gütertrennung drängte, fatal werden. Denn bei einer späteren Scheidung der Ehe erhält sie keinen Cent von dem Vermögenszuwachs ihres Mannes. Gemildert wird diese starre Trennung lediglich dadurch, dass während des Bestehens der Ehe die **güterstandsunabhängigen Regeln** über den Familienunterhalt (§§ 1360 f. BGB), die Schlüsselgewalt (§ 1357 BGB) und die Rollenverteilung (§ 1356 BGB) gelten sowie nach einer Scheidung eine gewisse Sicherung über den nachehelichen Unterhalt und den Versorgungsausgleich erreicht wird.

Die Gütertrennung schließt zudem nicht aus, dass **gemeinschaftliches Vermögen** gebildet wird. So können die Partner beispielsweise gemeinsam ein Grundstück erwerben und ein Haus bauen. Auch kann ein Ehegatte dem anderen freiwillig etwas zuwenden und ihn so an seinem „Zugewinn" beteiligen. Ob derartige Zuwendungen bei einer Scheidung der Ehe zurückzuerstatten sind, richtet sich nach den konkreten Umständen des Einzelfalls. Dabei sind die Höhe der Zuwendung, die wirtschaftliche Lage des Ehegatten, das Maß der Beiträge zum Familienunterhalt, das Alter der Partner und die Dauer der Ehe zu berücksichtigen. Wesentliche Bedeutung kommt dem Umstand zu, inwieweit eine Vermögensmehrung noch vorhanden ist. So wird eine Rückerstattungspflicht beispielsweise bejaht, wenn eine Ehefrau ihrem Mann zum Aufbau eines Geschäftes einen erheblichen Geldbetrag zur Verfügung stellte und ihr durch die Erziehung gemeinsamer Kinder eine eigene Vermögensbildung nicht möglich war. Gleiches gilt, wenn ein Ehegatte jahrelang im Betrieb des anderen mitgearbeitet hat; gelegentliche oder kurzfristige Hilfeleistungen genügen dagegen nicht. Nicht nur auf ihren eigenen Vorteil bedachte Ehegatten werden die Benachteiligung des nicht erwerbstätigen Partners bei der Gütertrennung ohnehin durch den Ausschluss von kapitalbildenden Versicherungen oder die Vereinbarung von Arbeitsverträgen vermeiden. Tun sie das nicht und „schenkt" der „Unternehmer-Ehegatte" dem in seinem Geschäft mitarbeitenden Partner einen halben Miteigentumsanteil an einem vermieteten Appartement, das er als Kapitalanlage erworben hat, so steht ihm kein Rückforderungsrecht zu, wenn sich der Wert im Rahmen des Ausgleichs für geleistete Mitarbeit hält.

Die Gütertrennung schließt es – ebenso wie der gesetzliche Güterstand – nicht aus, dass Paare gemeinsame Schulden begründen. Kreditinstitute fordern zwar die Mithaftung der Ehegatten bei Gütertrennung meist nicht. Diese Praxis, für die es keine zwingenden rechtlichen Gründe gibt, besteht allerdings nicht ausnahmslos. Bürgt ein Ehegatte für den anderen, so kann er auch nach einer Scheidung in Anspruch genommen werden. Einem Ehegatten, der einen Kreditvertrag aus Liebe unterzeichnet hat, bleiben die Schulden, auch wenn die Ehe längst geschieden ist. Ein Recht, von der Bank die Entlassung aus der Haftung zu verlangen, besteht nur in Ausnahmefällen (vgl. S. 60 f.). Oder deutlich gesagt: Die unüberlegte Übernahme einer Bürgschaft oder einer Haftung für den Partner ist kein Zeichen von Liebe, sondern von Dummheit. Bei Gütertrennung sogar von besonders großer, da durch ihre Vereinbarung beide Partner eigentlich zu erkennen geben, dass keiner von ihnen mit dem Vermögen des anderen etwas zu tun haben soll.

b) Eintritt und Beendigung der Gütertrennung, erbrechtliche Wirkungen

Beispiel: Moritz und Frieda haben vor ihrer Eheschließung in einem notariellen Ehevertrag den Zugewinnausgleich ausgeschlossen, da Moritz Mitgesellschafter einer GmbH ist und die Satzung dies verlangt. Gütertrennung haben sie nicht vereinbart. Als Moritz stirbt, erfährt Frieda beim Nachlassgericht, dass sie neben den beiden gemeinsamen Kindern zu einem Drittel als gesetzlicher Erbe berufen ist. Sie meint, ihr stehe die Hälfte zu.

Gütertrennung wird im Normalfall dadurch begründet, dass sie die Partner vor oder während der Ehe durch **notariellen Vertrag** vereinbaren (§§ 1408, 1410 BGB). Kraft Gesetzes tritt Gütertrennung ein, wenn die Ehegatten den gesetzlichen Güterstand der **Zugewinngemeinschaft ausschließen** oder **aufheben,** den Zugewinnausgleich **ausschließen** oder die Gütergemeinschaft aufheben (§ 1414 BGB). In allen genannten Fällen gilt dies aber nur, wenn gleichzeitig kein anderer Güterstand vereinbart wird. Auf diese Möglichkeit und den Eintritt der Gütertrennung werden die Ehegatten bei der Beurkundung vom Notar hingewiesen. Der Ausschluss des Versorgungsausgleichs führt nicht zusätzlich zur Gütertrennung; dies war nur bis 1.9.2009 der Fall.

Die Gütertrennung endet mit Beendigung der Ehe durch Scheidung und Tod oder durch die Vereinbarung eines anderen Güterstandes. Stirbt ein Ehegatte, so richtet sich das Erbrecht des Überlebenden nach der allgemeinen Bestimmung des § 1931 Abs. 1 und 2 BGB ohne Erhöhung, die bei der Zugewinngemeinschaft eintritt. Jedoch soll § 1931 Abs. 4 BGB verhindern, dass der Erbteil des Ehegatten geringer als der eines Kindes des Verstorbenen ist. Wäre dies nach der allgemeinen Regelung der Fall, erben alle zu gleichen Teilen. Deshalb erhält der überlebende Ehegatte neben einem Kind die Hälfte, neben zwei Kindern ein Drittel und von drei Kindern an ein Viertel. Durch diese Vorschriften wird dem in Gütertrennung lebenden Ehegatten entgegen der Konzeption der Gütertrennung eine Beteiligung an der ehelichen Wertschöpfung zugebilligt. Sie hängt allerdings von der Zahl der vorhandenen Kinder ab und geht nicht so weit wie bei der Zugewinngemeinschaft.

3. Die Gütergemeinschaft

a) Grundzüge

Beispiel: Frieda hat mit ihrem Moritz Gütergemeinschaft vereinbart. Sie wird aufgrund gesetzlicher Erbfolge Eigentümerin eines kleinen Hausgrundstücks. Als sie dieses verkaufen will, meint der Notar, ohne Mitwirkung ihres Mannes sei dies nicht möglich. Frieda will das nicht glauben, schließlich sei nur sie als Eigentümerin im Grundbuch eingetragen und habe den Grundbesitz auch allein geerbt.

Neben der Gütertrennung bietet das Bürgerliche Gesetzbuch Ehegatten die Gütergemeinschaft als Wahlgüterstand an. Sie beruht auf dem Gedanken, dass zwischen den Ehegatten nicht nur eine Lebens-, sondern auch eine **Vermögensgemeinschaft** besteht. Vermögen, das die Ehegatten bei Eingehung der Ehe bzw. bei Vereinbarung dieses Güterstandes haben oder später hinzuerwerben, wird grundsätzlich gemeinschaftliches Vermögen (§ 1416 BGB). Unabhängig davon, ob beide Partner viel, wenig oder gar nichts zum Gesamtgut beigetragen haben, stehen ihnen daran im Regelfall die **gleichen Rechte und Pflichten** zu. Kein Ehegatte kann über die ursprünglich ihm gehörenden Gegenstände frei verfügen. Da das gemeinsame Eigentum automatisch mit der Gütergemeinschaft eintritt und nicht zusätzlicher Übertragungsakte bedarf, ist es gleichgültig, ob Dritte davon Kenntnis erhalten und wie die Eigentumsverhältnisse in öffentlichen Registern, wie z. B. dem Grundbuch, verlautbart sind. Auch Konten und Sparbücher, die nur auf einen Ehegatten lauten, „gehören" beiden. Bei Grundstücken ist allerdings zu beachten, dass ein Käufer, der keine Kenntnis vom Güterstand des im Grundbuch eingetragenen Ehegatten hat, **gutgläubig** das Eigentum erwerben kann.

Der Güterstand der Gütergemeinschaft hat – ausgenommen in ländlichen Bereichen Süddeutschlands und in Sonderkonstellationen – kaum noch praktische Bedeutung. Deshalb beschränkt sich die nachfolgende Darstellung auf die wesentlichen Merkmale.

b) Die verschiedenen Vermögensmassen

Beispiel: Moritz und Frieda haben bereits vor Eheschließung Gütergemeinschaft vereinbart. Während der Ehe erbt Moritz von seiner Mutter ein großes schuldenfreies Anwesen an einem oberbayerischen See. Diese hat im Testament angeordnet, dass der Grundbesitz Vorbehaltsgut sein soll. Als Frieda nach 20 Jahren glücklicher Ehe erfährt, dass ihr davon nichts gehört, meint sie, das könne aufgrund der Gütergemeinschaft nicht sein.

Bei der Gütergemeinschaft sind fünf Vermögensmassen zu unterscheiden:

- Das **gemeinschaftliche Vermögen beider Ehegatten** (Gesamtgut, § 1416 BGB), das ihnen zur gesamten Hand zusteht. Die **Gesamthandsgemeinschaft** bedeutet, dass kein Ehegatte über seinen Anteil an sämtlichen Gegenständen des Vermögens oder über seinen Anteil an einzelnen Vermögensgegenständen verfügen kann. Deshalb kann z. B. kein Ehegatte seinen Anteil an einem im Gesamtgut befindlichen Grundstück verkaufen. Keiner der Partner ist berechtigt, Teilung zu verlangen, solange die Gütergemeinschaft besteht (§ 1419 Abs. 1 BGB). Auch wenn ein Ehegatte allein und im eigenen Namen einen Gegenstand, beispielsweise ein Auto kauft, tritt kraft Gesetzes gemeinschaftliches Eigentum ein. Dabei ist grundsätzlich unerheblich, mit wessen Mitteln der Gegenstand erworben wird.

- Auch im Güterstand der Gütergemeinschaft kann es **Alleineigentum eines Ehegatten** geben. Die Ehegatten können in einem Ehevertrag Gegenstände zum Vorbehaltsgut des Mannes oder der Frau erklären. Daneben gehört zum **Vorbehaltsgut,** was durch Bestimmung eines Dritten in einer letztwilligen Verfügung oder bei einer unentgeltlichen Zuwendung zum Vorbehaltsgut erklärt worden ist (§ 1418 BGB). Die Vorbehaltsguteigenschaft tritt hier automatisch, auch gegen den Willen des Betroffenen ein; diesem steht es aber frei, mit seinem Ehegatten auch diesbezüglich durch Ehevertrag Gesamtgut zu begründen. Erträge und Ersatzgegenstände des Vorbehaltsguts fallen wieder in das Vorbehaltsgut. Jeder Ehegatte verwaltet sein Vorbehaltsgut selbstständig. Er muss auch die Lasten allein tragen.
- **Sondergut** eines Ehegatten sind Gegenstände seines Vermögens, die nicht durch Rechtsgeschäft übertragen werden können (§ 1417 BGB), z. B. unpfändbare Lohn- und Gehaltsansprüche und die Stellung eines persönlich haftenden Gesellschafters bei einer offenen Handels- oder Kommanditgesellschaft. Strittig ist dies hinsichtlich einer Kommanditbeteiligung. Jeder Ehegatte verwaltet sein Sondergut selbstständig für Rechnung des Gesamtguts. Deshalb fallen auch die Nutzungen des Sonderguts in das Gesamtgut, das auch die anfallenden Lasten zu tragen hat.

Um fünf Vermögensmassen handelt es sich, da es neben dem Gesamtgut das Vorbehaltsgut und das Sondergut bei jedem Partner, also bei jedem Ehegatten geben kann.

c) Die Verwaltung und die Haftung bei gemeinsamer Verwaltung

Beispiel: Moritz hat eine kurze Affäre mit der lebenslustigen Doris; das Ergebnis – ein strammer Junge – wird neun Monate später geboren. Außerdem verursacht Moritz einen „weiteren" Unfall, als er stark alkoholisiert mit seinem Auto fährt. Schließlich nimmt er einen Bankkredit auf und verjubelt das Geld in der Spielbank. Seine Frau Frieda ist verständlicherweise über diese Vorgänge nicht erfreut. Als sie hört, auch das von ihr in das Gesamtgut eingebrachte Vermögen müsse für die Alimente, den Schaden des Unfallgegners und den Kredit haften, meint sie, das könne nicht sein, schließlich müsse man bei der Gütergemeinschaft immer gemeinsam handeln, und sie sei mit dem Verhalten ihres Mannes keinesfalls einverstanden gewesen.

Das Gesamtgut wird von den Ehegatten **gemeinschaftlich verwaltet,** wenn nicht durch Ehevertrag die Verwaltung einem Ehegatten allein übertragen ist (§ 1421 BGB). Die gemeinschaftliche Verwaltung macht im Normalfall ein **gemeinsames Handeln im geschäftlichen** Verkehr erforderlich. Praktisch relevante **Ausnahmen** sind die Annahme oder Ausschlagung einer Erbschaft, der Verzicht auf den Pflichtteil, Anträge und Rechtsbehelfe im Grundbuchverfahren und betriebsbezogene Rechtshandlungen, wenn der andere Ehegatte in den selbstständigen Betrieb des Erwerbsgeschäfts eingewilligt hat (§§ 1455, 1456 BGB). Schließt ein Ehegatte **ohne Mitwirkung des anderen** einen Vertrag, so ist dieser zwar voll wirksam, verpflichtet aber nur den Handelnden persönlich mit seinem Vorbehalts- und Sondergut, begründet aber **keine Haftung für das Gesamtgut.** Deshalb ist beispielsweise der vom Ehemann allein unterzeichnete Darlehensvertrag nicht unwirksam, seine Frau wird dadurch aber mit ihrem und dem gemeinsamen Vermögen nicht verpflichtet.

Verwalten die Ehegatten das Gesamtgut gemeinschaftlich, so haftet das Gesamtgut grundsätzlich für Verbindlichkeiten jedes von ihnen. Dies gilt auch, wenn ein Ehegatte „Dummheiten macht", also insbesondere für Delikte, wie z. B. die Verursachung eines Unfalls. Ferner werden auch gesetzliche Verpflichtungen, wie Unterhaltsansprüche von Kindern, aber auch nicht gedeckte Heimkosten der Eltern eines Ehegatten von der Haftung umfasst. Darüber hinaus haftet jeder

Ehegatte bei gemeinschaftlicher Verwaltung persönlich für die Verbindlichkeiten des anderen. Diese persönliche Haftung, die auch das Vorbehalts- und Sondergut betrifft, zeigt deutlich die Gefährlichkeit der Gütergemeinschaft. Hat ein Ehegatte dem anderen den selbstständigen Betrieb eines Erwerbsgeschäftes gestattet, so haftet er, und zwar über die Beendigung der Gütergemeinschaft hinaus, mit seinem Vermögen für die Geschäftsverbindlichkeiten mit. Diese Risiken sollten sich Paare deutlich vor Augen führen, wenn sie Gütergemeinschaft vereinbaren wollen.

d) Die Beendigung und Auseinandersetzung der Gütergemeinschaft

Beispiel: Frieda hat mit ihrem Ehemann Moritz Gütergemeinschaft vereinbart. Später erhält Moritz von seinen Eltern den landwirtschaftlichen Betrieb mit Gaststätte und Fremdenpension zum Gesamtgut übertragen. Moritz und Frieda werden in das Grundbuch als Eigentümer eingetragen. Als die Ehe zu kriseln beginnt, droht Frieda „ihrem" Moritz, sie werde sich scheiden lassen und die ihr zustehende Hälfte des Anwesens „mitnehmen".

Die Gütergemeinschaft endet mit Auflösung der Ehe (Tod oder Scheidung), durch Ehevertrag und aufgrund eines einseitigen Aufhebungsverlangens durch gerichtliche Entscheidung.

Nach Beendigung der Gütergemeinschaft erfolgt die Auseinandersetzung über das Gesamtgut. Diese wird durch beide Ehegatten durchgeführt, auch wenn zunächst Alleinverwaltung bestand. Die früheren Ehegatten sind bis zur endgültigen Auseinandersetzung in einer Liquidationsgemeinschaft verbunden. Die Teilung des Gesamtguts erfolgt in der Weise, dass zunächst die Verbindlichkeiten berichtigt werden. Erst danach kann die Auseinandersetzung erfolgen. Vom verbleibenden Vermögen erhält jeder Ehegatte die Hälfte, gleichgültig wie viel er eingebracht hat (§ 1476 BGB). Allerdings hat jeder Ehegatte das Recht, Gegenstände des persönlichen Gebrauchs sowie die von ihm in die Ehe eingebrachten oder später durch Erbfolge einschließlich der Erbauseinandersetzung, Vermächtnis, vorweggenommene Erbfolge, Schenkung oder als Ausstattung zum Gesamtgut erworbenen Gegenstände gegen Wertersatz zu übernehmen (§ 1477 BGB). Bei Ehescheidung vor Beendigung der Auseinandersetzung kann jeder Ehegatte ferner Wertersatz für die vorstehend näher bezeichneten Gegenstände, die er in das Gesamtgut eingebracht hat, verlangen (§ 1478 BGB). Maßgeblich ist der **Zeitpunkt der Einbringung.** Entgegen der laienhaften Vorstellung der hälftigen Vermögensteilhabe steht der nicht vermögende, „einheiratende" Ehegatte bei Gütergemeinschaft im Fall der Scheidung deshalb nicht besser als beim gesetzlichen Güterstand: Lediglich Wertsteigerungen des jeweils eingebrachten Vermögens werden somit bei einer Scheidung hälftig geteilt. Allerdings werden diese bei einem land- und forstwirtschaftlichen Betrieb nicht nach dem Ertrags-, sondern dem Verkehrswert berechnet. Dies hat Bedeutung für den in der Landwirtschaft mitarbeitenden Partner.

e) Tod eines Ehegatten und fortgesetzte Gütergemeinschaft (§§ 1483 ff. BGB)

Beim Tod eines Ehegatten wird die Gütergemeinschaft grundsätzlich nicht fortgesetzt, sondern der Anteil des Verstorbenen am Gesamtgut geht auf seine Erben über (§ 1482 BGB). Diese haben mit dem überlebenden Ehegatten die Auseinandersetzung durchzuführen. Der gesetzliche Erbteil des hinterbliebenen Ehegatten beträgt ein Viertel; eine Erhöhung wie beim gesetzlichen Güterstand und eine Abhängigkeit von der Zahl der Kinder gibt es hier nicht, da der Überlebende ohnehin am Gesamtgut beteiligt ist.

Eine Fortsetzung der Gütergemeinschaft mit den gemeinschaftlichen Abkömmlingen kann von den Ehegatten vertraglich vereinbart werden. Bestand bei Ehegatten die Gütergemeinschaft bereits am 1.7. 1958 und sind Abkömmlinge vorhanden, tritt fortgesetzte Gütergemeinschaft automatisch ein, sofern sie nicht im Ehevertrag ausgeschlossen worden ist. Vereinbarungen über die Fortsetzung der Gütergemeinschaft, die dem überlebenden Ehegatten die lebzeitige Auseinandersetzung mit den Abkömmlingen ersparen und das gesamte Vermögen frei von Erb- und Pflichtteilsansprüchen gemeinsamer Kinder erhalten soll, kommen heute, obwohl sie teilweise in der juristischen Literatur aktuell wieder zur Pflichtteilsreduzierung empfohlen werden, selbst in der Landwirtschaft kaum noch vor. Aus diesem Grund wird auf eine detaillierte Darstellung verzichtet.

4. Die Wahl-Zugewinngemeinschaft (§ 1519 BGB)

Beispiel: Anja und Heiko sind deutsche Staatsangehörige und leben in München. Sie halten die Zugewinngemeinschaft teilweise für überholt, weil sie auch Zugewinn berücksichtigt, der nichts mit der Wirtschaftsgemeinschaft „Ehe" zu tun hat. Sie hätten gerne eine etwas modernere Version für ihre Ehe, bei der ein Lottogewinn und ein Schmerzensgeld nicht in den Zugewinn fallen.

Die **Wahl-Zugewinngemeinschaft** kann als dritter Wahlgüterstand vereinbart werden. Er steht sämtlichen Paaren offen, deren Güterrecht sich nach deutschem oder französischem Recht richtet. Das sind sämtliche Ehepaare, die sich in Deutschland oder Frankreich aufhalten. Auch zwei deutsche Ehegatten können den ursprünglich deutsch-französischen Güterstand vereinbaren. Eine grenzüberschreitende Konstellation ist nicht erforderlich.

Die Wahl-Zugewinngemeinschaft entspricht **inhaltlich** im Wesentlichen der Zugewinngemeinschaft (s. S. 88 ff.). Es gelten jedoch folgende Abweichungen. Sie ergeben sich aus dem Abkommen zwischen der Bundesrepublik Deutschland und der Französischen Republik über den Güterstand der Wahl-Zugewinngemeinschaft (WZGA):

- Ein Schmerzensgeld wird vom Zugewinnausgleich ausgenommen (Art. 8 Abs. 2 WZGA); dagegen unterfällt der Lottogewinn dem Zugewinnausgleich.
- Preissteigerungen aufgrund der Geldentwertung werden durch Umrechnung des Anfangsvermögens mittels des Preisänderungsmaßstabs berücksichtigt (Art. 9 Abs. 3 WZGA).
- Stichtag für die Feststellung des Endvermögens ist nicht die Zustellung des Scheidungsantrags, sondern dessen Einreichung (Art. 13 WZGA).
- Schenkungen aus dem Anfangsvermögen an einen Verwandten in gerader Linie werden nicht dem Zugewinn zugerechnet (Art. 10 Abs. 2 Nr. 1 b WZGA).

- Grundstücke und grundstücksgleiche Rechte werden im Anfangsvermögen mit dem Wert berücksichtigt, den sie bei Beendigung des Güterstands haben (Art. 9 Abs. 2 WZGA). Wertsteigerungen von Immobilien, die ohne Zutun der Ehegatten eintreten (z. B. durch eine Baulandausweisung), sind somit nicht auszugleichen.
- Verfügungen über Rechte an der Familienwohnung und Haushaltsgegenstände sind ohne Zustimmung des Ehegatten unwirksam (Art. 5 Abs. 1 WZGA). Ohne Bedeutung ist, wem die Wohnung gehört, ob es sich um Zugewinn handelt und wo die Ehegatten melderechtlich ihren Wohnsitz haben. Die Eigenschaft als Familienwohnung bleibt auch bei einem Getrenntleben bestehen. Auf den Wert der Familienwohnung kommt es nicht an. Die Unwirksamkeit der Verfügung tritt unabhängig von der Gutgläubigkeit des Geschäftspartners ein. Auch Gläubiger eines Ehegatten können nicht über die Familienwohnung verfügen.
- Bei Beendigung des Güterstandes durch den Tod eines Ehegatten erfolgt keine pauschale Erhöhung der Erbquote des überlebenden Partners um ein Viertel. Die Abwicklung erfolgt über die Durchführung des Zugewinnausgleichs; bei dem diesbezüglichen Anspruch handelt es sich um eine Nachlassverbindlichkeit, die Pflichtteilsansprüchen vorgeht.

5. Die Eigentums- und Vermögensgemeinschaft nach dem Recht der ehemaligen DDR

a) Überleitung und Fortsetzungserklärung

Beispiel: Moritz und Frieda haben am 10.12.1980 im Gebiet der neuen Bundesländer geheiratet. Nun leben sie in München und wissen nicht, welcher Güterstand für sie jetzt gilt.

Im Gebiet der ehemaligen DDR ist am 3.10.1990 das Güterrecht des BGB in Kraft getreten. Für Ehegatten, die zu diesem Zeitpunkt im gesetzlichen Güterstand der Eigentums- und Vermögensgemeinschaft des Familiengesetzbuchs der ehemaligen DDR gelebt haben, gelten nunmehr die Vorschriften über den gesetzlichen Güterstand der Zugewinngemeinschaft. Es wird widerleglich vermutet, dass gemeinschaftliches Eigentum von Ehegatten Bruchteilseigentum zu gleichen Anteilen ist. Für Grundstücke konnten die Ehegatten bis zum Ablauf des 24.6.1994 andere Anteile bestimmen. Die automatische Überleitung greift jedoch nicht ein, soweit die Ehegatten etwas anderes, z. B. Gütertrennung, vereinbart haben (Art. 234 § 4 Abs. 1 EGBGB).

Bis zum Ablauf des 2.10.1992 konnte jeder Ehegatte unabhängig vom anderen und sogar gegen dessen Willen durch **einseitige Fortgeltungserklärung** den Eintritt der Zugewinngemeinschaft verhindern. Die notariell beurkundete Fortgeltungserklärung musste spätestens zum vorgenannten Zeitpunkt gegenüber einem (beliebigen) Kreisgericht (Amtsgericht) abgegeben werden. Ehevertraglich kann der Güterstand der Eigentums- und Vermögensgemeinschaft dagegen nicht mehr vereinbart werden (§ 1409 BGB). Wurde die Fortgeltungserklärung wirksam abgegeben, ist ein einseitiger Übergang in den gesetzlichen Güterstand nicht möglich. Die Ehegatten haben jedoch jederzeit die Möglichkeit, durch **Ehevertrag** die im BGB angebotenen Güterstände, auch die Zugewinngemeinschaft, zu vereinbaren.

b) Grundzüge des gesetzlichen Güterstandes des FGB-DDR

Beispiel: Frieda hat am 2.1.1992 die Fortgeltungserklärung abgegeben. Moritz möchte wissen, wie der Güterstand bei einer etwaigen Scheidung auseinander gesetzt wird, außerdem ist ihm nicht klar, ob er zwischenzeitlich, d. h. ab 3.10.1990, in Zugewinngemeinschaft gelebt hat.

Wurde die Fortgeltungserklärung durch Zugang beim Gericht wirksam, so gilt die Überleitung in den Güterstand der Zugewinngemeinschaft **rückwirkend,** also ohne Unterbrechung, als nicht erfolgt. Von dieser Möglichkeit haben ca. 3.700 Paare Gebrauch gemacht. Für deren bestehendes und künftiges gemeinschaftliches Eigentum finden die Vorschriften über das durch beide Ehegatten verwaltete Gesamtgut einer Gütergemeinschaft entsprechende Anwendung. Maßgeblich für das gemeinschaftliche Eigentum sind die güterrechtlichen Vorschriften des FGB-DDR. Diese sehen eine Errungenschaftsgemeinschaft vor, bei der drei Vermögensmassen zu unterscheiden sind: das beiden Ehegatten gemeinschaftlich gehörende Vermögen und die Alleinvermögen eines jeden Ehegatten. Die von einem oder beiden Ehegatten während der Ehe durch Arbeit, aus Arbeitseinkünften, Renten etc. erworbenen Vermögensgegenstände gehören kraft Gesetzes beiden Ehegatten gemeinsam. Dies gilt grundsätzlich auch von einem Grundstück, das ein Ehegatte allein erworben hat und auf dem sich das von den Ehegatten bewohnte Eigenheim befand. Über das gemeinschaftliche Eigentum können die Ehegatten nur gemeinsam verfügen. **Alleineigentum** jedes Ehegatten sind voreheliches Vermögen, Erwerbe durch Schenkung oder Erbschaft sowie zur Befriedigung persönlicher Bedürfnisse und zur Berufsausübung benutzte Sachen von nicht übermäßigem Wert (§ 13 FGB-DDR).

Für **gemeinsame Verbindlichkeiten** beider Ehegatten haftet nach dem Recht des FGB-DDR das gemeinschaftliche Vermögen uneingeschränkt. Für **persönliche** Verbindlichkeiten eines Ehegatten haftet in erster Linie dessen persönliches Vermögen; das gemeinschaftliche Vermögen haftet dafür nur, soweit das Alleinvermögen des Schuldners nicht ausreicht. Das gilt ebenso für Unterhaltsverbindlichkeiten eines Ehegatten, auch gegenüber vorehelichen Kindern. § 1459 BGB erweitert den Haftungsumfang für Verbindlichkeiten aus der Zeit vor der Eheschließung und auf die gesamtschuldnerische Haftung beider Ehegatten.

Die Auseinandersetzung bei Scheidung oder sonstiger Beendigung der Gemeinschaft erfolgt grundsätzlich durch Teilung zu gleichen Anteilen (§§ 39, 40 FGB-DDR). Das Gericht kann aber auch einzelne Vermögensgegenstände einem Ehegatten zu Alleineigentum übertragen und dem anderen Erstattungszahlungen auferlegen. § 39 Abs. 3 FGB-DDR sieht vor, dass jeder Ehegatte mit Ablauf eines Jahres Alleineigentümer der beweglichen Sachen des gemeinschaftlichen Eigentums wird, die sich in seinem Besitz befinden.

VI. Nachehelicher Unterhalt, Versorgungsausgleich

Der nacheheliche Unterhalt und der Versorgungsausgleich gehören zu den wichtigsten Scheidungsfolgen. Die Scheidungsfolgen werden ausführlich im Beck-Rechtsberater im dtv, Grziwotz/Kappler/Kappler, Trennung und Scheidung richtig gestalten, dargestellt. Nachstehend erfolgen nur kurze Hinweise.

1. Nachehelicher Unterhalt

Beispiel: Moritz und Frieda haben vor Eheschließung Gütertrennung vereinbart. Als sich Frieda von Moritz nach zwanzigjähriger Ehe, während der sie als Hausfrau tätig war, scheiden lassen will, erklärt ihr Moritz, nach der Scheidung müsse sie wieder arbeiten, von ihm bekomme sie keinen Cent.

Die eheliche Solidarität überdauert – zumindest rechtlich – auch eine Scheidung. Zwar muss jeder Ehegatte nach einer Scheidung für sich selbst sorgen. Ist dies nicht möglich, kann aber die Verantwortung für den ehemaligen Partner fortwirken. Ein Partner hat deshalb einen Anspruch auf Unterhalt gegen den anderen, wenn er nach der Scheidung der Ehe nicht selbst für seinen Unterhalt sorgen kann (§ 1569 BGB). Dies ist vor allem bei Krankheit, Gebrechen oder fortgeschrittenem Alter der Fall. Ferner kann ein Unterhaltsanspruch bei Betreuung gemeinschaftlicher Kinder und bis zur Erlangung einer angemessenen Erwerbstätigkeit gegeben sein. Verdient ein Partner nach der Scheidung weniger als seinen vollen Unterhalt, kann er eine bestimmte Zeit den sogenannten Aufstockungsunterhalt verlangen, um seinen bisherigen Lebensstandard zu erhalten. Der Unterhaltsanspruch besteht unabhängig vom Güterstand und vom Verschulden an der Scheidung. Der Ex-Ehegatte steht allerdings im Rang erst hinter minderjährigen unverheirateten Kindern und Schulkindern bis 21 Jahre, die noch bei ihren Eltern leben, sowie hinter Elternteilen, die wegen der Betreuung eines Kindes unterhaltsberechtigt sind. Mit den Letztgenannten hat er Gleichrang, wenn es sich um eine Ehe von langer Dauer handelte, wofür nicht nur der Zeitraum (jedenfalls gegeben bei 30 oder 50 Jahren), sondern auch lebensgemeinschaftsbedingte Nachteile von Bedeutung sind. Demgegenüber ist eine voreheliche Kindererziehung nicht bei der Ehedauer zu berücksichtigen. Diese Rangfolge ist in Mangelfällen wichtig, in denen die verfügbaren Mittel nicht für den eigenen Bedarf des Unterhaltspflichtigen und sämtliche unterhaltsberechtigten Personen reichen.

2. Versorgungsausgleich

Beispiel: Moritz war während der dreißigjährigen Ehe mit Frieda als Bankangestellter tätig. Dagegen hat Frieda die gemeinsamen Kinder erzogen und nur kranken- und sozialversicherungsfreie Nebentätigkeiten ausgeübt. Sie möchte wissen, ob sie im Rentenalter auf Sozialhilfe angewiesen ist.

Wie beim Zugewinnausgleich werden bei einer Scheidung die **während der Ehe** erworbenen Ansprüche auf eine Rente wegen Alters oder Invalidität ausgeglichen. Jedes Recht wird einzeln, d. h. unabhängig von den anderen Anrechten, ausgeglichen. Die Anrechte werden jeweils zur Hälfte geteilt. Damit erlangt der geschiedene Ehegatte, der während der Ehe nicht oder nicht voll erwerbstätig war, **eigene,** nicht von dem anderen Partner abgeleitete **Ansprüche.** Die geschiedene Hausfrau, die selbst nie erwerbstätig war, kann deshalb die Hälfte der Altersversorgung ihres geschiedenen Mannes für sich beanspruchen. Der Versorgungsausgleich ist unabhängig vom Güterstand der Ehegatten durchzuführen, also auch bei Bestehen der Gütertrennung. Auch eine private Lebensversicherung, die auf eine Rentenleistung gerichtet ist und die ein Ehegatte nach Vereinbarung der Gütertrennung mit Mitteln seines vorehelich erworbenen Privatvermögens begründet hat, ist grundsätzlich in den Versorgungsausgleich einzubeziehen. Bei einer vor dem 1.1.2005 begründeten Lebenspartnerschaft wird ein Versorgungsausgleich nicht durchgeführt, sofern die Partner nicht bis zum Ablauf des 31.12. 2005 dazu optiert haben. Haben Lebenspartner ihre Lebenspartnerschaft in eine Ehe umgewandelt, wird der Versorgungsausgleich durchgeführt. Bei einer langen Trennungszeit von nahezu einem Drittel der Ehezeit wird der Versorgungsausgleich für die Zeit des dauernden Getrenntlebens ausgeschlossen.

VII. Gemischt nationale und Ausländerehen und -lebenspartnerschaften, im Ausland lebende Deutsche

Beispiele: Als Moritz und Frieda 1999 heirateten, war Moritz Schweizer Staatsangehöriger, Frieda besaß die deutsche Staatsangehörigkeit, und beide lebten in Österreich. Als sie 2003 von Wien nach München umziehen, meint Frieda, für ihre Ehe gelte deutsches Recht. Moritz geht vom Recht des Mannes, also der Schweiz aus, und ein Freund hält beides für falsch, da österreichisches Recht maßgeblich sei.
Vaclav und Svetlana waren bei Eheschließung im August 2010 tschechische Staatsangehörige und wohnten in Pilsen. Sie kauften sich 2017 im Bayerischen Wald ein Haus und zogen beide dorthin. Als sie eine weitere Immobilie erwerben wollen, ist ihnen nicht klar, in welchem Güterstand sie leben.
Sepp und Resi, die beide aus Bayern stammen und deutsche Staatsangehörige sind, heiraten im Mai 2019. Zu dieser Zeit lebt Resi in Frankreich, Sepp in Italien. Zunächst planen sie, gemeinsam bei einem Hotel im Allgäu (Bayern) zu arbeiten und dort eine Wohnung zu mieten. Es kommt aber alles anders; sie erhalten ein tolles Angebot von einem Hotel in Kitzbühel (Österreich) und beziehen dort ihre erste gemeinsame Wohnung.

Im Ausland bestehen vom deutschen Familienrecht zum Teil erheblich abweichende Rechtsvorschriften. So gilt beispielsweise in den arabischen Staaten ein Eherecht, das maßgeblich durch den Koran beeinflusst ist. Nach traditionellem islamischen Eherecht kann der Mann bis zu vier legale Frauen haben. Er kann die Ehe durch dreimalige Wiederholung der Verstoßungsformel einseitig lösen, während der Frau grundsätzlich kein oder nur ein eingeschränktes Scheidungsrecht zusteht. Unterhaltsansprüche nach der Scheidung bestehen nicht; die Frau erhält lediglich ein Hochzeitsgeld (sog.

Morgengabe), das ihrer finanziellen Sicherung dient. Moderne arabische Staaten haben hiervon teilweise abweichende Gesetze erlassen. Insbesondere die Stellung der Frau weicht aber in vielen Ländern noch von dem europäischen Leitbild einer gleichberechtigten Partnerschaft ab. Auch gleichgeschlechtliche Beziehungen, insbesondere zwischen Männern, werden teilweise noch (drakonisch) bestraft. Eine „Ehe" gleichgeschlechtlicher Paare sehen weltweit nur einige Staaten vor.

Heiraten ein deutscher und ein ausländischer Partner oder schließen zwei Ausländer die Ehe, stellt sich die Frage, **welche Rechtsordnung** für ihre eherechtlichen Beziehungen maßgeblich ist. Auch bei einer Registrierung von Paaren muss das für ihre Beziehung maßgebliche Recht bestimmt werden. Die weit reichenden Folgen dieser Entscheidung hat das Beispiel des islamischen Rechts für Ehegatten verdeutlicht. Leben beispielsweise ein Deutscher und eine Italienerin in Kairo und heiraten sie dort, ist für ihre güterrechtlichen Beziehungen grundsätzlich ägyptisches Recht maßgeblich. Ließen zwei schwedische Männer ihre in Stockholm begründete „Ehe" in Deutschland im Jahr 2012 nochmals registrieren, galt für sie deutsches Recht (Art. 17b Abs. 1 S. 1 EGBGB). Aus deutscher Sicht regeln Art. 14 EGBGB die allgemeinen Ehewirkungen außerhalb des Anwendungsbereichs des Güterrechts in seinem weiten Verständnis nach der EuGüVO/EuPartVO, Art. 15 EGBGB a. F. den Güterstand für bis zum 29.1.2019 geschlossene Ehen und die Rom III-VO die Scheidung und die Scheidungsfolgen mit Ausnahme des Güterrechts (Art. 17 EGBGB enthält nur noch Sonderregelungen und eine Hilfsregelung, falls die Rom III-VO nicht anwendbar ist) sowie Art. 17 a EGBGB die Betretungs-, Näherungs- und Kontaktverbote für die inländische Ehewohnung, Art. 17 b EGBGB enthält die Vorschriften zu den allgemeinen Wirkungen der Lebenspartnerschaft, zum Versorgungsausgleich und zur Auflösung der Lebenspartnerschaft; die Vorschrift gilt für vor dem 29.1.2019 geschlossene gleichgeschlechtliche Ehen entsprechend. Hinsichtlich des Güterrechts gleichgeschlechtlicher Ehen gilt die EuGüVO (Art. 17 Abs. 4 S. 2 EGBGB). Die Auflösung gleichgeschlechtlicher Ehen regelt sich nicht nach Art. 17b EGBGB, sondern nach der Rom III-VO.

Zu den **allgemeinen Ehewirkungen** gehören u. a. das Recht, die Herstellung der ehelichen Lebensgemeinschaft zu verlangen, die Pflichten zu gegenseitiger Hilfeleistung im nicht vermögensrechtlichen Bereich, die Haushaltsführung und die Sorgfaltspflichten untereinander. Diese richten sich in erster Linie, sofern die Ehegatten keine Rechtswahl treffen, nach dem gewöhnlichen Aufenthalt beider Ehegatten bzw. dem letzten gemeinsamen Aufenthalt (sog. Aufenthaltsstatut). Diese Anknüpfung ist jedoch wandelbar; maßgeblich ist nämlich nicht der Zeitpunkt der Eheschließung, sondern der jeweilige gewöhnliche Aufenthalt, der sich durch einen Umzug ändern kann. Gemeint ist der Ort, an dem der Schwerpunkt der Bindungen der Ehegatten, insbesondere in beruflicher und familiärer Hinsicht, d. h. ihr Daseinsmittelpunkt liegt. Versagt dieses Kriterium, gilt das Staatsangehörigkeitsprinzip; danach ist das Recht des Staates maßgeblich, dem beide Ehegatten angehören. Besteht keine gemeinsame Staatsangehörigkeit gilt hilfsweise das Recht des Staates, mit dem die Ehegatten auf andere Weise, z. B. durch gemeinsame soziale Bindungen, durch Herkunft, Geburt der Kinder, Vermögensbildung, Kultur, Sprache, berufliche Tätigkeit oder Zukunftsplanung, am engsten verbunden sind.

Diese Kriterien sind auch für das **Scheidungsrecht,** den **Versorgungsausgleich** und die **Unterhaltspflicht** maßgebend. Allerdings kann sich das jeweils anzuwendende Recht während des Bestehens der Ehe wandeln; dies ist beispielsweise der Fall, wenn beide Ehegatten nach der Heirat eine gemeinsame Staatsangehörigkeit erlangen.

Auch die **güterrechtlichen Wirkungen** der Ehe richten sich für bis zum 29.1.2019 geschlossene Ehen nach der „Stufenleiter" Staatsangehörigkeit, gewöhnlicher Aufenthalt und engste Verbundenheit. Entscheidend ist hier der **Zeitpunkt der Eheschließung.** Bei Eheschließung nach dem 31.3.1953 und vor dem 9.4.1983 ist Stichtag der 9.4.1983 (Art. 220 Abs. 3 EGBGB), wenn bis zu diesem das Mannesrecht maßgeblich war. Bei Ehen, die vor dem 1.4.1953 geschlossen worden sind, bleibt jedoch das alte Recht maßgeblich, nach dem bei unterschiedlicher Staatsangehörigkeit das Mannesrecht entscheidend war. Wichtig ist, dass der Güterstand „versteinert" wird. Gilt bei Eheschließung – wie in den obigen Beispielen – ausländisches Güterrecht, so ändert sich durch einen späteren

Umzug oder die Erlangung einer gemeinsamen Staatsangehörigkeit hieran nichts. Dies ist eine Besonderheit des deutschen Rechts, die in vielen anderen europäischen Staaten nicht gilt. Besteht ein ausländischer Güterstand kann bei Anwendung des ausländischen Internationalen Privatrechts eine Wandelbarkeit des Güterrechts eintreten. Besonderheiten gelten für den Güterstand von Vertriebenen und Flüchtlingen bei vor dem 29.1.2019 geschlossenen Ehen.

Für die Nutzungsbefugnis einer in Deutschland belegenen Ehewohnung und hier befindliche Haushaltsgegenstände sowie damit zusammenhängende Betretungs-, Näherungs- und Kontaktverbote gilt für bis 29.1.2019 geschlossene Ehen deutsches Recht. Für die Wohnung im Ausland dürfte dagegen die oben dargestellte „Stufenleiter“ Anwendung finden.

Für eingetragene Lebenspartner kommt es – anders als bei Ehegatten – nicht auf die Staatsangehörigkeit oder den Wohnort der Lebenspartner an. Maßgeblich ist das Recht des registerführenden Staates. Das **Registrierungsstatut** gilt für die Begründung, die nicht güterrechtlichen Wirkungen der Lebenspartnerschaft sowie den Versorgungsausgleich. Es betrifft ferner noch ihre Auflösung. Für den Lebenspartnerschafts- und den Trennungsunterhalt ist der gewöhnliche Aufenthalt des den Unterhalt fordernden Partners maßgeblich, für den nachpartnerschaftlichen Unterhalt das für die Aufhebung angewendete Recht. Hinsichtlich der Lebenspartnerschaftswohnung und der Haushaltsgegenstände gilt wiederum das Recht des Registrierungsstaates. Sind Lebenspartner in mehreren Staaten registriert, ist für das anzuwendende Recht die letzte Registrierung maßgebend. Die vorstehende Darstellung betrifft nur die Beurteilung der Rechtsverhältnisse der Ehegatten und Lebenspartner nach deutschem Recht. Vor Gerichten im Ausland kann aufgrund abweichender Rechtsvorschriften ganz anders entschieden werden.

Auf das Güterrecht der **ab dem 29.1.2019** geschlossenen Ehen und eingetragenen Lebenspartnerschaften finden die Europäische Güterrechtsverordnung (EuGüVO) und die Europäische Lebenspartnerschaftsverordnung (EuPartVO) Anwendung. Echte gleichgeschlechtliche Ehen fallen unter die EuGüVO. Der Anwendungsbereich der EuPartVO betrifft demgegenüber verschieden- und gleichgeschlechtliche Partnerschaften, die als alternatives Rechtsinstitut zur Ehe zugelassen, dieser aber nicht gleichwertig sind und deren Voraussetzung eine Registereintragung ist. Beide Verordnungen betreffen den Güterstand, aber auch sämtliche vermögensrechtlichen Beziehungen der Ehegatten bzw. Lebenspartner, für die die Ehe bzw. Lebenspartnerschaft Voraussetzung ist (Art. 27 EuGüVO/EuPartVO), also insbesondere ehe- bzw. partnerschaftsbedingte Zuwendungen, die Vertretung der Partner nach außen und die Probleme der Mitverpflichtung des Partners. Ausgenommen sind Unterhaltspflichten, der Versorgungsausgleich und die Rechtsnachfolge nach dem Tod eines Ehegatten bzw. Lebenspartners. Für den **Güterstand** von Ehegatten ist in erster Linie der erste gewöhnliche Aufenthalt nach Eheschließung, d. h. kurz nach der Heirat, maßgeblich (Art. 26 Abs. 1 lit. a EuGüVO). Es handelt sich dabei um den Lebens- und Daseinsmittelpunkt der Ehegatten in den der Eheschließung folgenden drei bis sechs Monaten. Ausnahmsweise kann bei einem länger dauernden gemeinsamen Aufenthalt in einem Staat, der den ersten gemeinsamen Aufenthalt erheblich übersteigt, auf Antrag eines Ehegatten das Güterrecht an dieses Recht anknüpfen, wenn beide Ehegatten auf die Anwendung dieses Rechts vertraut haben. In zweiter Linie, d. h. mangels eines gemeinsamen gewöhnlichen Aufenthalts, ist die gemeinsame Staatsangehörigkeit zum Zeitpunkt der Eheschließung maßgeblich (Art. 26 Abs. 1 lit. b EuGüVO). Bei Mehrstaatern ist die effektive Staatsangehörigkeit entscheidend; der deutschen Staatsangehörigkeit kommt kein Vorrang mehr zu. Hilfsweise ist in dritter Linie auf die engste Verbindung beider Ehegatten zum Zeitpunkt der Eheschließung abzustellen (z. B. geplanter Aufenthalt, Staatsangehörigkeit, Herkunft, Belegenheit des Vermögens, Sprachkenntnisse, Ort der Eheschließung; Art. 26 Abs. 1 lit. c EuGüVO). Bei einer eingetragenen Partnerschaft ist das Recht des Staates für das Güterrecht maßgebend, nach dessen Recht sie erstmals registriert wurde. Das Güterrechtsstatut ist sowohl bei der Ehe als auch bei der Lebenspartnerschaft unwandelbar. Eine Änderung der Anknüpfungsgrundlagen, z. B: ein Wechsel des gewöhnlichen Aufenthalts, eine Änderung der Staatsangehörigkeit und eine Neuregistrierung, haben deshalb keine Auswirkungen auf das Güterrechtsstatut.

Die Ehegatten können jedoch bei oder nach Eheschließung eine **Rechtswahl,** in Deutschland mittels notarieller Urkunde, vornehmen. Zur Wahl stehen das Güterrecht am gewöhnlichen Aufenthalt zum Zeitpunkt der Rechtswahl und des Staates, dessen Staatsangehörigkeit einer der (künftigen) Ehegatten zum Zeitpunkt der Rechtswahl hat (Art. 22 Abs. 1 EuGüVO). Eingetragene Lebenspartner können das entsprechende Recht aber nur wählen, wenn dieses die Lebenspartnerschaft kennt und mit ihr Rechtsfolgen verbindet (Art. 22 Abs. 1 EuPartVO). Gewählt werden kann auch das Recht des Staates, in dem die Partnerschaft begründet wurde.

Das jeweils maßgebliche Recht ist unabhängig davon anzuwenden, ob es sich um das Recht eines Mitgliedsstaates handelt (Art. 20 EuGüVO/EuPartVO); es betrifft – aus Sicht der europäischen Anwenderstaaten – das **gesamte Vermögen** der Ehegatten weltweit. Allerdings beteiligen sich bisher nur 18 Mitgliedsstaaten, nämlich Belgien, Bulgarien, Deutschland, Finnland, Frankreich, Griechenland, Italien, Kroatien, Luxemburg, Malta, die Niederlande, Österreich, Portugal, Schweden, Slowenien, Spanien, die Tschechische Republik und Zypern. Weitere Staaten können sich beiden Verordnungen jederzeit anschließen. Bei EU-Staaten, die dies nicht tun, und den Nicht-EU-Staaten handelt es sich um Drittstaaten; bei ihnen ist nicht sicher, ob sie die Rechtsfolgen der EuGüVO und EuPartVO bei sich anerkennen.

2. Kapitel

Ehe- und Lebenspartnerschaftsverträge, Vereinbarungen zu den persönlichen Beziehungen

I. Vereinbarungsmöglichkeiten

1. Ehe- und Lebenspartnerschaftsverträge – Fallstrick oder Rettungsanker?

Beispiele: Seine erste Scheidung hat dem Unternehmer Ulli eine Million gekostet, die zweite eine halbe Million. Als seine Lebensgefährtin Dagmar schwanger wird, vereinbart er einen Standesamtstermin und eine Stunde vorher einen Notartermin. Er ist nur bereit, „Ja" zu sagen, wenn beim Notar ein Ehevertrag mit Gütertrennung sowie Verzicht auf nachehelichen Unterhalt und Durchführung des Versorgungsausgleichs unterzeichnet wird. Dagmar, die einen Tag vorher den Vertragsentwurf erhalten hat, unterschreibt nach Belehrung durch den Notar mit Tränen in den Augen. Ulli sagt daraufhin beim Standesamt glücklich „Ja", denn er hat für den „Ernstfall" ja „seinen" Ehevertrag. Als die Ehe später kriselt, erklärt Dagmar, sie habe nur unterschrieben, um für sich und ihr Kind durch die Ehe „Sicherheit" zu haben. Ulli habe sie mit dem Notartermin vor dem schon vereinbarten Standesamtstermin, den sie auch nicht mehr absagen wollte, „erpresst".
Die Ministerialrätin Julia lernt im Urlaub in Tunesien den sympathischen Kemal, der als Musiklehrer beschäftigt ist und nur einige Worte deutsch spricht, kennen und lieben. Ihr wird geraten, vor Eheschließung dringend einen Ehevertrag zu vereinbaren. Vor allem bei einem etwaigen längeren Auslandsaufenthalt müsse darin sicher gestellt werden, dass sie stets ihren Pass und ihr Aufenthaltsbestimmungsrecht

behalten müsse. Julia möchte im Übrigen inhaltlich einen Vertrag wie ihr Freund Ulli.
Jens und Ludwig wollen heiraten. Eigentlich brauchen sie den „Trauschein" nicht. Der Gang zum Standesamt hat für sie als Zeichen gegen Diskriminierung und für Liberalität Symbolcharakter. Sie erklären der Notarin, bei der sie sich beraten lassen, dass jeder für den Fall der Trennung für sich selbst sorgen könne, aber beim Tod eines Partners der andere abgesichert werden soll.
Moritz ist Unternehmerssohn; er heiratet Anfang 1993 eine Bürokauffrau. Ende 1995 wird die gemeinsame Tochter geboren. Seine Mutter strukturiert ihr Unternehmen um und will ihren Sohn mit 45% daran beteiligen. Sie macht dies vom Abschluss eines Ehevertrags abhängig, in dem der Zugewinnausgleich ausgeschlossen wird. Der zusätzlich vereinbarte Ausschluss des Versorgungsausgleichs kommt nur der Schwiegertochter zugute, da nur sie ausgleichspflichtige Anwartschaften in der Ehezeit erwirbt. Der nacheheliche Unterhalt wird auf den Unterhalt wegen Kinderbetreuung und wegen Krankheit im Anschluss an die Kinderbetreuung sowie zusätzlich der Höhe nach beschränkt. Die Ehefrau hat den Entwurf des Ehevertrags vor dem Notartermin nicht gesehen. Sie will den Termin wegen ihres noch nicht vier Wochen alten Kindes, das sie dabei hat, hinter sich bringen. Zwei Jahre später wird bei ihr Multiple Sklerose diagnostiziert. Sie beruft sich bei der Scheidung im Jahr 2014 auf die Nichtigkeit des Ehevertrags.

Insbesondere die Regelung der Zugewinngemeinschaft zeigt, dass der Gesetzgeber die von den Ehegatten für ihre Gemeinschaft jeweils erbrachten Leistungen unabhängig von ihrem Geldwert als gleichwertig ansieht. Das „bisschen Haushalt" ist nicht weniger wert als das Geldverdienen im „Job". Deshalb hat jeder Partner grundsätzlich auch Anspruch auf gleiche Teilhabe am gemeinsam Erwirtschafteten. Dies gilt nicht nur für die Zeit des Bestehens der Gemeinschaft, sondern auch nach einer Trennung und Scheidung. Durch die äußerst komplizierten Paragraphen des Scheidungsfolgenrechts soll insbesondere der sozial schwächere Partner, meist der die Kinder erziehende Teil oder der nicht erwerbstätige Partner, im Fall der Scheidung geschützt werden, wenn die Ehegatten selbst diesbezüglich keine fairen Vereinbarungen treffen. Diesen steht es jedoch frei, durch **privatautonome** Abreden das für ihre individuellen Verhältnisse passende Ehemodell selbst zu gestalten. Da immer mehr Ehen scheitern, empfiehlt sich eine derartige Regelung in guten Tagen. Eine „Versicherung" gegen das Eherisiko ist ein derartiger Vertrag allerdings nur, wenn er fair ist. Einem Ehevertrag, bei dem ein Partner über den Tisch gezogen wird, der sich zu Lasten Dritter, insbesondere gemeinsamer Kinder, auswirkt oder bei dem ein Partner von vornherein auf Sozialhilfe bei einer Trennung angewiesen ist, versagen die Gerichte im Ernstfall die Anerkennung. Ehegatten müssen ihre Vereinbarungen bei einer Änderung der Lebensplanung zudem stets überdenken und erforderlichenfalls anpassen. Ist zunächst eine Doppelverdienerehe geplant, widmet sich ein Ehegatte aber nach dem zweiten Kind der Kindererziehung, so passt der Ausschluss des nachehelichen Kinderbetreuungsunterhalts nicht mehr; zudem muss für den die Familienarbeit leistenden Ehegatten eine Sicherung im Fall der Krankheit und im Alter bestehen. Gibt ein Partner seine Beamtenstellung auf, um im Betrieb des Ehegatten ohne angemessenes Entgelt mitzuarbeiten, so sind eine früher vereinbarte Gütertrennung und ein Ausschluss des nachehelichen Unterhalts nicht mehr fair.

Allerdings dürfte es Partnern wohl auch nicht verwehrt sein, eine Vereinbarung zu treffen, bei der beide ein Risiko übernehmen. Wenn der Beamte und die Selbstständige Gütertrennung vereinbaren, dürfte es nicht unangemessen sein, wenn die erfolgreiche Ehefrau, die auch allein das Unternehmerrisiko getragen hat, nach einer Scheidung das Unternehmen behält, falls ihr Mann keine Nachteile durch die Ehe hatte. Auch bei manchen Unterhaltstatbeständen, wie z. B. der nicht ehebedingten Krankheit eines Partners oder dessen Arbeitslosigkeit, stellt sich die Frage, ob sie nicht vertraglich ausgeschlossen werden können. Das Bundesverfassungsgericht hat, obwohl es keinen Zwang gibt, eine schwangere Frau zu heiraten, die Schwangerschaft als Situation angesehen, in der bei einer Scheidung später Eheverträge von den Gerichten besonders auf ihre Ausgewogenheit überprüft werden sollen. Ob die schwangere Millionärstochter wirklich gegenüber dem arbeitslosen Studenten, der sie geschwängert hat, strukturell unterlegen ist, ist allerdings höchst fraglich. Für die Familiengerichte ist jedoch das Vorliegen einer **un-**

terlegenen Verhandlungsposition, die bei einer Schwangerschaft, einer wirtschaftlichen Abhängigkeit, einer intellektuellen Unterlegenheit, der Angst vor einer Ausweisung, der unterlassenen Entwurfsaushändigung und einer besonderen Drucksituation (z. B. anschließender Standesamtstermin) vorliegen kann, Anlass für eine verstärkte richterliche Kontrolle.

Geprüft wird, ob der Vertrag eine **einseitige Lastenverteilung** in der Ehe zur Folge hat. Dies ist insbesondere der Fall, wenn berufliche Nachteile für einen Partner durch die Ehe (z. B. Kinderbetreuung) entstehen, die im Vergleich zum Scheidungsfolgenrecht nicht angemessen kompensiert werden. Besonders wichtig sind in diesem Zusammenhang der Kinderbetreuungsunterhalt, der Versorgungsausgleich als vorweggenommener Altersunterhalt sowie der Alters- und Krankheitsunterhalt. Sie gehören zum Kernbereich des Scheidungsfolgenrechts und stehen einer vertraglichen Disposition nur begrenzt offen. Der Zugewinnausgleich ist einer ehevertraglichen Disposition am weitesten zugänglich. Die Unterhaltstatbestände des Alters- und Krankheitsunterhalts haben zwar nichts mit der Lebensgemeinschaft zu tun, sind aber Ausdruck der nachwirkenden Solidarität der früheren Verantwortungsgemeinschaft. Allerdings gibt es kein unverzichtbares Mindestmaß an Scheidungsfolgen. Selbst wenn alle in einem Ehevertrag enthaltenen Regelungen auf eine einseitige Benachteiligung eines Ehegatten hinauslaufen, kann dies das Verdikt der Sittenwidrigkeit erst begründen, wenn sich in dem unausgewogenen Vertragsinhalt eine auf ungleichen Verhandlungspositionen basierende einseitige Dominanz eines Ehegatten und damit eine Störung der subjektiven Vertragsparität widerspiegelt. Deshalb sind „Sklavenhalterehevertäge“, in denen ein sprachunkundiger oder ein von Ausweisung bedrohter ausländischer Partner auf sämtliche Rechte verzichtet, nichtig. Umgekehrt kann es besonders teuer werden, wenn eine hochqualifizierte Frau einvernehmlich lange Zeit zur Kinderbetreuung und Haushaltsführung auf eine eigene Karriere verzichtet. Die Beweislast für die Sittenwidrigkeit einer Vereinbarung trägt der benachteiligte Ehegatte. Die richterliche Inhaltskontrolle von Eheverträgen soll ehebedingte Nachteile ausgleichen; sind solche nicht vorhanden oder bereits vollständig kompensiert, dient die richterliche Inhaltskontrolle nicht dazu, dem durch den Ehevertrag belasteten Ehegatten zusätzlich entgangene ehebedingte Vorteile zu gewähren und ihn dadurch besser zu stellen, als hätte es die Ehe und die mit der ehelichen Rollenverteilung einhergehenden Dispositionen über Art und Umfang seiner Erwerbstätigkeit nicht gegeben.

Ist ein Ehevertrag im Ernstfall sein Geld noch wert? Wenn er fair ist, ist dies sicher der Fall. Wer hundertprozentig auf Nummer sicher gehen will, sollte besser gar nicht heiraten. Er bleibt dann zwar unterhaltspflichtig, wenn ein Kind unterwegs ist, aber die anderen Scheidungsfolgen fallen weg. Umgekehrt sollte eine Frau nicht schwanger werden, bevor sie nicht eine faire Regelung für den Fall des Scheiterns der Ehe getroffen hat oder verheiratet ist. Die Aussage, wir lieben uns, wir brauchen keinen Ehevertrag, erweist sich später leider allzu oft als (teurer) Irrtum.

2. Das eheliche Zusammenleben

a) (Sexuelle) Vertragsfreiheit für Partner?

Beispiel: Andrea hat in der Zeitung gelesen, dass Jennifer Lopez mit Ben Affleck in den USA einen Ehevertrag geschlossen hat. Darin soll vereinbart worden sein, dass dieser mit ihr viermal pro Woche Sex haben müsse. Außerdem wird bei einem Seitensprung eine „saftige" Geldstrafe fällig. Andrea findet – jedenfalls den letzten Punkt – schon als Vorsichtsmaßnahme gar nicht schlecht. Ihr Freund Martin befürchtet in jeder Hinsicht einen „ganz schönen Stress".

Der Staat schreibt den Ehegatten nicht vor, wie sie ihr gemeinsames Leben gestalten und wie sie die Aufgaben in ihrer Lebensgemeinschaft verteilen sollen. Dies bleibt ihnen überlassen. Bei einer funktionierenden Beziehung werden anstehende Probleme, z. B. die Anschaffung eines Haushaltsgegenstandes, meist von Fall zu Fall besprochen und gelöst. Aber auch Entscheidungen mit langfristiger Bedeutung, wie z. B. die Erfüllung des Kinderwunsches und die sich daraus ergebende Aufgabe der Berufstätigkeit eines Partners, können die Partner durch mündliche Abreden gemeinsam treffen. In den USA sind umfassende Verträge verbreitet, in denen neben den vermögensrechtlichen Punkten auch persönliche und gesellschaftliche Verhaltenspflichten geregelt werden. Erwähnt sei nur die Klausel, wonach sich die Frau verpflichtet, die Karriere ihres Mannes dadurch zu fördern, dass sie wöchentlich mindestens zwei „Dinnerpartys“ für seine Geschäftsfreunde veranstaltet, und der Mann als Gegenleistung die Frau mindestens einmal im Monat ins Theater ausführt. In der Presse wurden Vereinbarungen von prominenten Paaren bekannt, „in denen sexuelle Handlungen“ der Frau durch den Mann großzügig honoriert werden. In der Praxis ist insoweit ein gewisser Nachahmungseffekt zu beobachten. Auch in Deutschland nimmt deshalb die Frage nach der Zulässigkeit derartiger Vereinbarungen zu. Manche Juristen halten sie (noch) für sittenwidrig. Ob ein Vertrag, in dem die Partner für Freitagabend „Sex“ und für Samstagabend „Kultur“ vereinbaren, die Erotik in der Beziehung fördert, kann man durchaus bezweifeln. Ob Paare Vereinbarungen über ihr Intimleben treffen wollen, sollte ihnen überlassen werden. Allerdings ist bis zum Vorliegen von Gerichtsentscheidungen zu diesem Thema Zurückhaltung ratsam; jedenfalls sollte klargestellt werden, dass sich die Unwirksamkeit einer derartigen Vereinbarung nicht auf die vermögensrechtlichen Regelungen auswirkt.

b) Was dürfen Ehegatten nicht regeln?

Beispiele: Moritz und Frieda halten das Eheversprechen „bis der Tod euch scheidet" für überholt und wollen entsprechend der Empfehlung einer früheren bayerischen Politikerin zunächst nur für sieben Jahre fest zusammenbleiben. Wird die Ehe nicht gekündigt, soll sie sich jeweils um ein Jahr verlängern. Außerdem soll sexuelle Freiheit herrschen, aber umgekehrt, solange das jüngste gemeinsame Kind noch nicht sechzehn Jahre ist, die Stellung eines Scheidungsantrags unzulässig sein. Ihre Eltern halten das, obwohl der Vater von Moritz heimlich eine Geliebte hatte, für „unmöglich".
Ludwig und Klaus wollen nicht gleich „ewig" zusammen bleiben, sondern es einfach einmal ausprobieren. Sie wollen deshalb eine Kündigungsmöglichkeit nach zehnjähriger Partnerschaft vereinbaren.

Grenzen für Vereinbarungen der Ehegatten über ihr Zusammenleben ergeben sich aus den wenigen zwingenden Vorschriften des Familienrechts und den Verbotsnormen der allgemeinen Gesetze. So schließt § 1353 Abs. 1 S. 1 BGB, wonach die Ehe auf Lebenszeit geschlossen wird, Abreden über eine kürzere Dauer oder eine Kündigungsmöglichkeit aus. Die Ehegatten können auch keine weiteren, vom Gesetz abweichenden Scheidungsmöglichkeiten oder Erleichterungen, z. B. eine Beendigung der Ehe durch notariellen Vertrag, vereinbaren. Trotz des **Prinzips der Lebenszeitehe** verstößt es aber auch umgekehrt gegen das Gesetz, wenn die Partner die Scheidung ihrer Ehe ausschließen, sich verpflichten, in bestimmten Fällen keinen Scheidungsantrag zu stellen, oder wenn für den Fall der Antragstellung eine Vertragsstrafe fällig wird. Auch wenn sogar ein kompensationsloser Ausschluss des Zugewinnausgleichs ehevertraglich zulässig ist, darf eine Ausgleichszahlung nicht davon abhängig gemacht werden, dass der betreffende Ehegatte keinen Scheidungsantrag stellt. Lügen über die Trennungszeit sind dagegen zur Erreichung eines „schnellen Endes" nicht selten und werden sogar insoweit vom Staat akzeptiert, als Ehegatten beim Finanzamt zur Erhaltung des Splittingvorteils den wirklichen Trennungszeitpunkt offenlegen können.

Zum Wesen der Ehe gehört ferner das **Prinzip der Einehe.** Die Ehe ist nach dem Gesetzeswortlaut nur zwischen Personen verschiedenen oder gleichen Geschlechts möglich; aber auch intersexuelle Personen, deren Geburtsregistereintragung keine Angabe zum Geschlecht enthält („divers"), können heiraten. Obwohl die Polygamie in einigen Staaten Afrikas und Asiens erlaubt ist, sogar teilweise in jüngster Zeit zugelassen wurde, ist sie bei einer Eheschließung in Deutschland (noch) verboten. Selbst eine bestens funktionierende Dreierbeziehung mit „gemeinsamen" Kindern erhält deshalb keinen „Trauschein". Auch für Mehrelternschaften und Regenbogenfamilien gibt es keine Ausnahmen.

Im Übrigen ist es unter Juristen heftig umstritten, wann Vereinbarungen unter Ehegatten sittenwidrig oder deshalb nichtig sind, wenn sie den persönlichen Freiheitsbereich des einzelnen Partners beschneiden. So wird auch heute ein Vertrag teilweise noch für unzulässig gehalten, in dem sich ein untreuer Ehemann zur Vermeidung künftiger Seitensprünge gegenüber seiner Frau verpflichtet, keine Geschäfts- und Urlaubsreisen mehr allein zu unternehmen. Auch Vereinbarungen, die die Einzelheiten der Haushaltsorganisation, wie z.B. den Einkauf, den Abwasch, die Reinigung von Wohnung und Wäsche, das Bügeln etc., betreffen, wird von (männlichen!) Juraprofessoren mitunter noch die Wirksamkeit abgesprochen. Die Prognose, dass sich die Gerichte angesichts der zunehmenden Privatisierung der Partnerbeziehungen bei der Überprüfung von diesbezüglichen Vereinbarungen in Zukunft eher zurückhalten werden, scheint nicht unbegründet zu sein. Eine **Grenze** für Ehevereinbarungen wird deshalb wohl künftig lediglich noch dort bestehen, wo diese das **Persönlichkeitsrecht** eines Partners **verletzen.** Dies ist aber sicherlich nicht der Fall, wenn sich ein Partner zum Abwaschen, Kochen etc. verpflichtet. Anders kann dies sein, wenn die Freiheit der Religionsausübung beschränkt wird oder dem Partner in höchstpersönlichen Bereichen (z.B. Briefverkehr, persönlicher Umgang, politische Betätigung etc.) keine eigene (Entscheidungs-)Freiheit mehr bleibt.

c) Was können Ehegatten vereinbaren?

Beispiele: Frau Frei möchte auch nach der Eheschließung ihren Namen behalten, außerdem möchte sie als emanzipierte Frau berufstätig bleiben und keine Kinder haben. Herr Müller besteht darauf, dass seine Frau seinen Namen trägt, außerdem will er sich das Recht einräumen lassen, ab und zu außereheliche „Affären" zu haben. Da beide an verschiedenen Orten arbeiten, können sie sich nicht auf einen gemeinsamen Wohnsitz einigen, deshalb soll jeder Partner seine Wohnung behalten und das Eheleben auf das Wochenende beschränkt bleiben.
Die erfolgreiche Rechtsanwältin Andrea und der ewige Student Peter heiraten. Andrea möchte noch einige Jahre beruflich tätig sein und erst dann Kinder haben. Für die Empfängnisverhütung sorgen sie abwechselnd. Peter legt Andrea rein; diese wird schwanger und deshalb nicht Partnerin einer angesehenen Sozietät. Nach der Trennung von Peter möchte sie ihren Schaden ersetzt bekommen.
Marita wird nicht schwanger. Ihr Ehemann Hermann ist einverstanden, dass sie mit dem in einer Samenbank gewonnenen Sperma eines Spenders künstlich befruchtet wird. Nach der späteren Trennung möchte er

weder für Marita noch für das Kind bezahlen, schließlich sei es nicht sein Kind. Vorsorglich will er die Vaterschaft anfechten.
Moritz hat erfahren, dass seine Frau, als sie sich beide um ein Kind „bemühten", mit ihrem Arbeitskollegen eine Affäre hatte. Er möchte heimlich einen Vaterschaftstest machen, um den Familienfrieden nicht zu gefährden. Sein Freund erklärt ihm, dass er dies mit seiner Frau offen, z. B. beim Kaffeetrinken, besprechen und vereinbaren müsse.

Nicht nur die internen Beziehungen der Ehegatten unterliegen der Parteivereinbarung; auch die äußeren Zeichen der Lebensgemeinschaft wie der **Ehename** und der **Wohnsitz** können von den Partnern einvernehmlich festgelegt werden. Sie können vereinbaren, dass ihre Ehe ohne einen gemeinsamen Haushalt geführt wird und sich ihre Lebensgemeinschaft – zumindest vorerst – auf gegenseitige Besuche, Telefonate und Urlaubsreisen beschränkt. Abreden über die **Familienplanung** sind ebenfalls möglich. Auch Kinderlosigkeit kann vereinbart werden. Allerdings lässt die Rechtsprechung hinsichtlich des Kinderwunsches jederzeit einen einseitigen Meinungswechsel zu. Auch wenn er dem Partner nicht offenbart, sondern beispielsweise heimlich die Pille abgesetzt wird, ergeben sich hieraus keine Schadensersatzpflichten gegenüber dem „vertragstreuen" Partner. Die Einwilligung des Mannes und der Mutter eines Kindes in die Zeugung durch künstliche Befruchtung mittels Samenspende eines Dritten (sog. **heterologe Insemination**) schließt die spätere Anfechtung der Vaterschaft durch den Mann und die Mutter aus (§ 1600 Abs. 4 BGB). Ob dies entsprechend auch in anderen Fällen gemeinsam gewollter sozialer Elternschaft (z. B. geduldeter Drittverkehr zur Kindererzeugung, unterlassene Abtreibung zwecks Elternschaft) entsprechend gilt, ist fraglich. Jedenfalls eine Unterhaltspflicht gegenüber dem auf diese Weise gezeugten Kind scheinen die Gerichte auch in anderen Fällen einer konsentierten Elternschaft (z. B. ferner unwirksame Adoption im Ausland, Insemination einer Frau mit Zustimmung ihrer Ehepartnerin) anzunehmen. Eine diesbezügliche Vereinbarung über den Unterhalt ist allerdings unabhängig davon möglich. Eine besondere Form sieht das deutsche Recht für die Einwilligung nicht vor. Als unverzichtbar wird nach derzeit wohl noch überwiegender Ansicht die Pflicht zur sexuellen Treue angesehen. Eine „offene" Partnerschaft kann nach dieser Meinung nicht wirksam vereinbart werden. Ob die vertragliche Regelung von Mitteilungspflichten über sexuelle Kontakte mit Dritten mit der Konsequenz zulässig ist, dass sich bei der Ansteckung mit einer Krankheit (z. B. Aids) Schadensersatz- und Schmerzensgeldansprüche wegen der unterbliebenen Aufklärung ergeben können, ist von den Gerichten noch nicht entschieden worden. Heimliche **Vaterschaftstests** stellen in Deutschland – anders als in vielen ausländischen Staaten – Ordnungswidrigkeiten dar (§ 26 Abs. 1 Nr. 7a GenDG). Dies gilt auch dann, wenn ein Deutscher diesen Test im Ausland durchführen lässt. Es besteht jedoch ein Anspruch auf Einwilligung in eine diesbezügliche Klärung (§ 1598a BGB); die Beteiligten sollen nach dem Willen des (deutschen) Gesetzgebers einvernehmlich im familiären Dialog die Klärung der Herkunft des Kindes durch ein privates Abstammungsgutachten eines Arztes oder nichtärztlichen Sachverständigen herbeiführen.

Die einvernehmliche Aufteilung von **Haushalts- und Erwerbstätigkeit** macht bereits das Gesetz den Ehegatten zur Pflicht (§ 1356 BGB).

Das Gebot zur Einigung beherrscht auch das **Namensrecht:** Kein Ehegatte kann dem anderen seinen Namen aufzwingen. Können oder wollen sich die Partner nicht auf einen gemeinsamen Namen einigen, behält jeder Partner seinen bei der Eheschließung geführten Namen. Vertragliche Vereinbarungen vor Eheschließung sind möglich, aber vor dem Standesbeamten wohl nicht erzwingbar. Weicht ein Ehegatte von der Vereinbarung ab, kann der andere nur mit einem „Nein" auf die Frage des Standesbeamten reagieren, also von der Eheschließung absehen. Schließlich ist es möglich, dass sich ein Partner verpflichtet, den gemeinsamen Namen nach einer Scheidung abzulegen. Von Bedeutung ist eine derartige Vereinbarung insbesondere bei „berühmten" Namen oder Adelsprädikaten. Erfüllt der frühere Ehegatte diese Verpflichtung später nicht, kann er auf Abgabe einer entsprechenden Erklärung gegenüber der zuständigen Behörde verklagt werden.

d) Wie können Ehevereinbarungen durchgesetzt werden?

Beispiel: Herr Müller und Frau Frei haben vereinbart, dass Herr Müller bei Stellung eines Scheidungsantrags 100.000 EUR als Vertragsstrafe an seine Frau bezahlen müsse. Diese möchte nicht mit zwei Kindern ohne Mann dasitzen, nachdem sich ihr Mann schon nicht an die vereinbarte Kinderlosigkeit gehalten hat.

Stellen Abreden zwischen den Ehegatten auf eine bestimmte Situation ab, muss bei einer Änderung dieser Verhältnisse eine **neue Einigung** erfolgen. So wird die Geburt oder Adoption eines Kindes häufig Anlass dafür sein, die bisherige beiderseitige Berufstätigkeit neu zu überdenken. Weigert sich ein Partner, kann das Gericht nicht als „Schiedsrichter" eine Neuregelung treffen. Dies ist allein Sache der Ehegatten. Diese können ein bestimmtes Verhalten im Bereich der ehelichen Pflichten nicht durch eine Vertragsstrafe absichern. Insbesondere darf kein Ehegatte durch eine Art „Konventionalstrafe" von der Einreichung eines Scheidungsantrags abgehalten werden. Persönliche Verpflichtungen können auch nicht zwangsweise mit Hilfe des Gerichtsvollziehers durchgesetzt werden (vgl. § 120 Abs. 3 FamFG). Hat sich der Ehemann zu einem monatlichen Konzertbesuch verpflichtet, schaut er sich dann aber ein Fußballspiel an, kann seine Frau ihn nicht aus dem Stadion in den Konzertsaal bringen lassen.

3. Verträge zum Güterrecht

Ehegatten können ihre güterrechtlichen Verhältnisse durch Eheverträge regeln, insbesondere den für sie geltenden Güterstand aufheben oder ändern (§ 1408 BGB). Sie können auch eine Rechtswahl treffen (Art. 22 Abs. 1 EuGüVO). Eheverträge können sowohl während der Ehe als auch bereits vor der Hochzeit geschlossen werden. Kommt die Ehe nicht zustande, so ist der Vertrag gegenstandslos. Wird sie aufgelöst, so entfallen seine Wirkungen für die Zukunft. Die Vertragspartner sind nicht darauf beschränkt, einen gesetzlich geregelten Güterstand insgesamt zu wählen. Sie können auch den für sie geltenden Güterstand in **einzelnen Punkten** abändern. Diese

Möglichkeit gewinnt in der Praxis immer größere Bedeutung. Auf diese Weise können Ehegatten den für sie maßgeschneiderten Güterstand selbst schaffen und teilweise sogar noch Steuern sparen.

a) Vor- und Nachteile der einzelnen Güterstände, Steuern

Beispiele: Der 55-jährige Moritz heiratet nach der Scheidung von Frieda die attraktive 25-jährige Studentin Gerda. Um die Pflichtteilsansprüche seiner erstehelichen Kinder Bastian und Tatjana möglichst gering zu halten, soll Gerda sofort nach Eheschließung Miteigentümerin seiner Villa am Tegernsee werden. Gerda wäre die Vereinbarung einer Gütergemeinschaft am liebsten, da sie ihre Liebe zu Moritz auch nach außen dokumentieren will und zudem bei einer Scheidung die halbe Villa behalten möchte.
Max und Franziska haben zwei Kinder. Der Sohn Ludwig kann nur schlecht mit Geld umgehen. Doris hat dagegen brav studiert und soll den Familienbetrieb, ein Ferienhotel im Wert von ca. 16.000.000 EUR, übernehmen. Allerdings droht beim Versterben des Vaters ein Pflichtteilsanspruch von Ludwig in Höhe von 2.000.000 EUR. Ein befreundeter Jurist empfiehlt als „Königsweg" die Vereinbarung der fortgesetzten Gütergemeinschaft zwischen Max und der zehn Jahre jüngeren Franziska sowie anschließend die Übergabe des Betriebs an Doris. Max ist skeptisch, ob dies hilft.

Sollen Ehegatten Gütergemeinschaft vereinbaren? Die Antwort auf die vorstehend gestellte Frage kann kurz erfolgen; sie lautet „Nein". Die Gütergemeinschaft führt bei einer Scheidung im Ergebnis zu keiner Besserstellung des weniger vermögenden Ehegatten. Er wird wie beim gesetzlichen Güterstand nur an Werterhöhungen beteiligt. Anders als beim gesetzlichen Güterstand erfolgt ihre Berücksichtigung jedoch bei einem land- oder forstwirtschaftlichen Betrieb mit dem Verkehrswert und nicht dem Ertragswert, d. h. einem nach betriebswirtschaftlichen Jahresabschlüssen ermittelten Vielfachen des Reinertrags. Während der Ehe können die Partner über ihr Vermögen nur gemeinsam verfügen. Dieser geringe Vorteil wird allerdings dadurch aufgewogen, dass jeder Ehegatte Gefahr läuft, durch die **Mithaftung** für die Schulden des anderen sein gesamtes Vermögen zu verlieren. Auch in der Landwirtschaft ist die Vereinbarung der Gütergemeinschaft zum Schutz des „einheiratenden" Ehegatten nicht erforderlich. Der Ausschluss der Ertragswertklausel kann nämlich auch ehevertraglich unter Beibehaltung des gesetzlichen Güterstandes erfolgen.

Die Vereinbarung der Gütergemeinschaft führt auch **steuerlich** zu einer Reihe von **Nachteilen:** In Gütergemeinschaft lebende Ehegatten sind einkommensteuerlich Mitunternehmer, eine Anstellung des Partners scheidet deshalb aus. Wird die Gütergemeinschaft auseinandergesetzt, können steuerpflichtige Gewinne durch die Auflösung stiller Reserven entstehen. Die Vereinbarung der Gütergemeinschaft ist **schenkungsteuerpflichtig.** Aufgrund des Ehegattenfreibetrags fällt allerdings nur eine Steuer an, wenn ein Partner dem anderen dabei mehr als 500.000 EUR zuwendet. Die Schenkungsteuerpflicht lässt sich allerdings vermeiden, wenn das den Freibetrag übersteigende Vermögen zunächst als Vorbehaltsgut beim vermögenden Ehegatten verbleibt. Ärgerlich ist es dagegen, wenn der weniger vermögende Partner zuerst stirbt. Dann muss der überlebende Ehegatte Vermögen versteuern, das ihm bereits einmal gehört hat. Hat Herr Müller 3.000.000 EUR, Frau Frei 200.000 EUR und verstirbt Frau Frei durch einen Autounfall, „erbt" Herr Müller als erbvertraglicher Alleinerbe 1.600.000 EUR. Davon muss er – ohne Berücksichtigung des Versorgungsfreibetrages – für 1.100.000 EUR **Erbschaftsteuer** bezahlen, obwohl das wesentliche Vermögen von ihm stammt und ohne Vereinbarung der Gütergemeinschaft keine Steuer bei ihm angefallen wäre.

Die Vereinbarung der Gütergemeinschaft ist bei nicht unternehmerisch tätigen Ehegatten nur dann in Erwägung zu ziehen, wenn Pflichtteilsansprüche des „reichen" Partners durch eine Vermögensteilhabe des anderen reduziert werden sollen. Während eine Übertragung durch Einräumung von Miteigentum – für Übertragungen während der gesamten Ehe – zu einem Pflichtteilsergänzungsanspruch (§ 2325 BGB) führt und deshalb wirkungslos bleibt, kann im Wege der Gütergemeinschaft das halbe Vermögen des begüterten Ehegatten auf den anderen übertragen und so von **Pflichtteilsansprüchen** freigestellt werden. Allerdings sollte der begünstigte Ehegatte seinerseits kein wesentliches Vermögen haben, da sonst der beschriebene Effekt gleichsam neutralisiert wird. Diese Gestaltung ist zudem ausgeschlossen, wenn ausschließlich „ehefremde Zwecke", also beispielsweise die alleinige Benachteiligung erstehelicher Kinder, verfolgt werden. Anzeichen hierfür können die Vereinbarung der Gütergemeinschaft kurz vor dem Tode eines Ehegatten und der Abschluss eines entsprechenden Ehevertrages ausschließlich zur Benachteiligung pflichtteilsberechtigter Angehöriger sein. Im Normalfall wird sich eine Benachteiligungsabsicht kaum nachweisen lassen. Bei einer Scheidung ist grundsätzlich jeder Ehegatte berechtigt, die von ihm eingebrachten Vermögensgegenstände nach Begleichung der Schulden des Gesamtguts wieder zu übernehmen; nur die Wertsteigerungen verbleiben zur hälftigen Teilung.

Teilweise wird eine fortgesetzte Gütergemeinschaft zur **Pflichtteilsreduzierung** empfohlen. Grund ist, dass bei ihr der Güterstand mit dem Tod eines Ehegatten nicht endet, sondern vom überlebenden Ehegatten mit den gemeinsamen Abkömmlingen fortgesetzt wird. Auf sie geht der Anteil des verstorbenen Ehegatten über. Der überlebende Ehegatte verwaltet das Gesamtgut weiter; er muss keine Pflichtteilsansprüche erfüllen. Pflichtteilsergänzungsansprüche wegen lebzeitiger Zuwendungen aus dem Gesamtgut können erst beim Tod des überlebenden Ehegatten geltend gemacht werden. Stirbt dieser erst zehn Jahre nach der Betriebsübergabe an ein Kind, gehen die anderen leer aus. Mit jedem Jahr des Lebens nach der Übergabe mindert sich der Pflichtteilsergänzungsanspruch um zehn Prozent. Der erstverstorbene Ehegatte wird folglich so behandelt, als wäre er erst mit dem überlebenden Ehegatten verstorben. Allerdings darf auch hier die Konstruktion nicht ausschließlich zur Reduzierung von Pflichtteilsansprüchen eingesetzt werden.

Beispiel: Moritz, der in zweiter Ehe mit Gerda verheiratet ist, hat einen erstehelichen Sohn namens Bastian. Als Moritz verstirbt, fordert dieser neben seinem Erbteil in Höhe der Hälfte der Erbschaft von Gerda auch noch die Zahlung seines Jurastudiums. Gerda erinnert ihre Freundin Sonja daran, dass sie ihr die Vereinbarung der Gütertrennung empfohlen hatte, um nicht für den Stiefsohn aufkommen zu müssen.
Ludwig heiratet den Ausländer Timo. Beide bleiben berufstätig. Sie wollen wirtschaftlich möglichst unabhängig sein. Ludwig möchte deshalb

die Zugewinngemeinschaft modifizieren. Die Notarin empfiehlt eine Gütertrennung.

Wann empfiehlt sich die Vereinbarung der Gütertrennung? Die Antwort auf die vorstehend gestellte Frage mag erstaunen; sie lautet: „Kaum noch". Die Gütertrennung soll meist dem unternehmerisch tätigen Partner während der Ehe die freie Verfügung über sein Vermögen gewährleisten und bei einer „Scheidung" den Betrieb vor Ansprüchen des anderen Teils schützen. Dieses Ergebnis lässt sich auch ohne die Vereinbarung der Gütertrennung durch eine ehevertragliche Abänderung der Zugewinngemeinschaft erreichen. So kann beispielsweise nur das Betriebsvermögen vom Zugewinnausgleich ausgenommen werden. Der Ausgleich kann ferner auf die Fälle der Scheidung beschränkt werden, um diesen im Todesfall zu erhalten. Auf diese Weise lässt sich eine gerechtere Lösung zugunsten des haushaltsführenden Partners erreichen. Für den Fall der Eheauflösung durch den Tod eines Ehegatten, führt die Gütertrennung bei Vorhandensein zweier Kinder des Erblassers zudem zu einer geringeren Erbquote des überlebenden Ehegatten.

Besonders wichtig ist aber, dass bei einem größeren Vermögen eines Ehegatten die Steuerfreiheit der Zugewinnausgleichsforderung bei der Gütertrennung nicht besteht. Die Vorsorge für den Fall der Scheidung kann bei einer glücklichen und erfolgreichen Ehe zu erheblichen Einnahmen für den Fiskus führen. Vererbt Herr Müller seiner Frau 2.500.000 EUR, von denen er während der Ehe 2.000.000 EUR erworben hat, so sind – ohne Berücksichtigung des Versorgungsfreibetrags – bei der Gütertrennung 2.000.000 EUR, bei der Zugewinngemeinschaft 1.000.000 EUR zu versteuern.

Es trifft zwar zu, dass bei Vereinbarung der Gütertrennung für den überlebenden Ehegatten als gesetzlichen Erben keine Verpflichtung besteht, die Ausbildungskosten von Stiefabkömmlingen zu tragen. Hierzu ist allerdings nicht eine Gütertrennung erforderlich. Ausreichend ist es, wenn der Ehegatte, der die Kinder hat, deren Anspruch auf den Ausbildungsunterhalt durch Testament ausschließt.

Da ausländische Rechtsordnungen eine Modifizierung der Zugewinngemeinschaft teilweise nicht anerkennen, sondern nur eine

Wahl zwischen verschiedenen Güterständen zulassen, zu denen meist auch die Gütertrennung gehört, empfiehlt sich für ausländische Partner und für gemischt nationale Paare trotz den vorstehenden Ausführungen die Vereinbarung der Gütertrennung. Bei ihnen ist zudem die Eintragung im Güterrechtsregister ratsam, da dies teilweise nach dem ausländischen Recht Voraussetzung für die Wirksamkeit der Vereinbarung ist.

Beispiel: Max und Moritz wollen heiraten. Beide werden von ihren Eltern umfangreichen Grundbesitz erhalten oder erben. Wertsteigerungen dieses Grundbesitzes sollen vom Zugewinn ausgenommen werden. Außerdem soll kein Ehegatte über das Familienwohnheim ohne Zustimmung des anderen verfügen können.

Ist die Wahl-Zugewinngemeinschaft gegenüber der Zugewinngemeinschaft der bessere Güterstand? Die Wahl-Zugewinngemeinschaft vermeidet teilweise Ungerechtigkeiten des Güterstandes der Zugewinngemeinschaft. Hierzu gehört die Herausnahme des Schmerzensgeldes aus dem Zugewinn, desgleichen die Nichtberücksichtigung von Wertsteigerungen des Grundbesitzes, die nicht auf Aufwendungen der Partner beruhen. Auch der Schutz der Familienwohnung, der aus dem französischen Recht stammt, ist modern. Allerdings findet bei der Wahl-Zugewinngemeinschaft beim Tod eines Ehegatten keine pauschale Erhöhung der Erbquote statt; der Zugewinn wird nur güterrechtlich ausgeglichen, was bei ungefähr gleichem Einkommen eher nachteilig ist.

Beispiele: Moritz studiert Medizin; seine Frau Frieda ist Sprechstundenhilfe und während dieser Zeit „Ernährer" der Familie. Als frisch gebackener „Doktor" lässt Moritz sich scheiden und fordert von Frieda als Zugewinnausgleich die Hälfte des während der Ehe von Frieda zur Seite gelegten „Notgroschens". Ferner will er die halbe Wertsteigerung ausbezahlt haben, die ein Grundstück, das Frieda von ihren Eltern geerbt hat, dadurch erfahren hat, dass es Bauland wurde. Außerdem möchte er sich für seine künftige Ehe mit dem Fotomodell Lisa für den Fall der Scheidung absichern.

Moritz hat Lisa geheiratet und mit ihr bereits vor Eheschließung Gütertrennung vereinbart. Zur Silberhochzeit geht er mit ihr zum Notar und vereinbart rückwirkend die Zugewinngemeinschaft, um so die hohen Gewinne aus der Zeit vor den wiederholten Gesundheitsreformen im Falle seines Todes möglichst steuergünstig an Lisa zu vererben.

Kann die Zugewinngemeinschaft ehevertraglich „maßgeschneidert" werden? Der Ausgleich des Zugewinns bei einer Scheidung führt in der „Hausfrauen- bzw. Hausmannsehe" zu einer ausgewogenen Beteiligung des kindererziehenden Ehegatten am gemeinsam im Wege der Arbeitsteilung erwirtschafteten Vermögen. Beim Tod eines Ehegatten bleibt die tatsächliche Zugewinnausgleichsforderung, also nicht das pauschale Viertel, aufgrund der Gleichwertigkeit von Erwerbstätigkeit und Haushaltsführung von der Erbschaftssteuer frei. Die Gleichwertigkeit von Haushaltsführung und Beruf rechtfertigt auch den Zugewinnausgleich in einer Einverdienerlebenspartnerschaft.

Sind beide Partner berufstätig oder sorgen sie auf andere Weise, z. B. durch Zuwendungen, für eine beiderseitige Vermögensbildung, kann auf die Durchführung des Zugewinnausgleichs für den Fall der Scheidung ganz verzichtet werden. Auch die Verfügungsbeschränkungen der §§ 1365, 1369 BGB können, falls man sie nicht bei bestehender Lebensgemeinschaft für zweckmäßig zum Erhalt der wirtschaftlichen Basis des Zusammenlebens hält, zusätzlich vertraglich ausgeschlossen werden. Durch diese **Modifizierungen** bleiben den Ehegatten der erhöhte Erbteil beim Tod eines Partners und die Steuerfreiheit des Zugewinns erhalten, während der Ehe und bei einer Scheidung stehen die Ehegatten aber wie bei der Gütertrennung.

Als ungerecht wird es häufig empfunden, wenn die **Wertsteigerungen** eines Gegenstandes, den ein Partner bereits bei der Heirat besaß oder später geerbt oder im Wege der vorweggenommenen Erbfolge, Schenkung oder Ausstattung erworben hat, bei einer Scheidung auszugleichen sind. Derartige Vermögenszuwächse treten nämlich vielfach unabhängig von dem Zusammenleben ein, und es ist mitunter auch zufällig, dass dies gerade während der Ehe erfolgt. Beispiel hierfür sind Ackergrundstücke, die während der Ehe Baugrund werden. Aber auch Grund und Boden in Ballungsräumen unterliegen teilweise enormen Wertsteigerungen. Hierzu gehören auch Aktien- und Fondsgewinne, Geldzinsen und Gewinne aus einer langfristig angelegten selbstständigen Tätigkeit, z. B. durch Rückzahlung von Unternehmensgründungskrediten. Diese Interessenlage kann generell beim Vorhandensein von **Betriebsvermögen** bestehen. Hier können Gesichtspunkte des Unternehmensschutzes dafür sprechen, dieses Vermögen von Ausgleichsforderungen möglichst frei zu halten. Es ist möglich, durch einen Ehevertrag bestimmte Gegenstände, z. B. die Wertsteigerungen ererbten Vermögens oder das Betriebsvermögen insgesamt, vom Zugewinn auszunehmen. Es ist auch zulässig, in einem Ehevertrag das Betriebsvermögen nur teilweise zu berücksichtigen und den Firmenwert und stille Reserven unberücksichtigt zu lassen. Dabei sollte aber darauf geachtet werden, dass sich dadurch nicht ein Ausgleichsanspruch des vermögenden Partners ergibt. Bleibt der Betrieb des unternehmerisch tätigen Partners beim Ausgleich unberücksichtigt, wäre es ungerecht, wenn der andere Partner das Guthaben auf dem während der Ehe angelegten Sparbuch teilen müsste. Allerdings ist dies nicht zwingend; eine richterliche Anpassung erfolgt nicht bereits deshalb, weil der durch die Herausnahme von Gegenständen begünstigte Ehegatte dadurch ausgleichsberechtigt wird. Bei der Herausnahme einzelner Gegenstände aus dem Ausgleich muss außerdem geprüft werden, ob nicht der dadurch betroffene Partner (doppelt) benachteiligt wird. Dies ist der Fall, wenn der „Gewinn" von ihm z. B. durch Arbeitsleistungen mit erwirtschaftet wurde oder er sogar eigenes Anfangsvermögen oder spätere Schenkungen und Erbschaften in diese Vermögensgegenstände investiert hat.

Unfair kann es sein, wenn ein Partner einem in der Ehe voraussichtlich erzielten Zugewinn in einer Krise durch eine „Negativ-Schenkung", d. h. eine überschuldete Immobilie („Schrottimmobilie") „neutralisiert". Dies kann durch Herausnahme derartiger Zuwendungen aus dem Zugewinnausgleich oder durch **Nichtberücksichtigung** zum maßgeblichen Stichtag noch weiterhin negativ wirkender Schenkungen vermieden werden.

Schließlich kann ein Zugewinnausgleich dann ungerecht sein, wenn ein Partner aus Umständen, die in seiner persönlichen, vom gemeinsamen Leben unabhängigen Lebensplanung liegen, z. B. wegen einer Ausbildung, an einer eigenen Vermögensbildung gehindert ist. Umgekehrt kann ein vollständiger Ausschluss des Zugewinnausgleichs für den Fall einer Scheidung bei einer Doppelverdiener-Ehe unbillig werden, wenn später ein Ehegatte zur Erziehung eines gemeinsamen Kindes seinen Beruf aufgibt. Dieses unbillige Ergebnis kann in den Fällen der geänderten Lebensplanung dadurch vermieden werden, dass der Zugewinnausgleich zunächst ausgeschlossen, aber dem kindererziehenden oder aus sonstigen Gründen an einer Erwerbstätigkeit gehinderten Partner ein Rücktrittsrecht von der Vereinbarung eingeräumt wird. Bei Ausübung des Rücktritts gilt dann wieder der Zugewinnausgleich und zwar entweder für die ganze Dauer der Ehe oder nur für die „lebensgemeinschaftsbedingten beruflichen Ausfallzeiten". Alternativ können auch Regelungen über den Ersatz der Nachteile, die ein Partner hinnehmen muss, getroffen werden. Beispielsweise kann ihm eine Immobilie übertragen werden.

Die vorstehenden Beispiele zeigen, dass der gesetzliche Güterstand von Ehegatten vertraglich individuell „passend" gestaltet werden kann. Selbst wenn Ehegatten zunächst Gütertrennung vereinbart haben, können sie auch nach mehrjähriger Ehe im Verhältnis zueinander noch **rückwirkend** den Zugewinnausgleich beim Versterben eines Partners vereinbaren. Bei der Erbschaftsteuer tritt diese Rückwirkung – leider – nicht ein. Nach § 5 Abs. 1 S. 4 ErbStG wirkt bei Übergang von der Gütertrennung auf die Zugewinngemeinschaft die Zugewinngemeinschaft erbschaftsteuerlich erst ab dem Tag des Vertragsabschlusses. Wie diese Vorschrift im Einzelfall anzuwenden ist, ist allerdings umstritten. Steuerrechtlich haben Finanzgerichte und die Finanzverwaltung die rückwirkende Vereinbarung der Zugewinngemeinschaft zugelassen. Jedenfalls kann das gewünschte Ergebnis auf dem Weg des güterrechtlichen Ausgleichs im Wesentlichen erreicht werden. Steuerfrei kann Vermögen zudem zwischen den Ehegatten dadurch übertragen werden, dass der bisherige Güterstand der Zugewinngemeinschaft aufgehoben, Gütertrennung vereinbart und der Zugewinn ausgeglichen wird. Der Bundesfinanzhof hat es sogar akzeptiert, dass in derselben Notarurkunde dann wieder der gesetzliche Güterstand vereinbart wird. Auch wenn dies erst etwas später erfolgt, kann die **Güterstandsschaukel** mehrfach angewandt werden. Die Ehegatten können auf diese Weise steuerfrei Vermögen übertragen und gleichzeitig in Zukunft weiterhin am gemeinsam Erwirtschafteten partizipieren. Zudem besteht durch die Rückkehr zur Zugewinngemeinschaft auch Sicherheit in einem etwaigen Todesfall. Diese Gestaltung dürfte auch pflichtteils- und weitgehend anfechtungsfest sein. Allerdings wurde dies höchstrichterlich noch nicht entschieden.

b) Verwaltungsverträge

Beispiel: Frau Frei hat von ihrem Vater ein großes Bauunternehmen geerbt. Da sie selbst über keine entsprechende Ausbildung verfügt, soll ihr Mann die Firma leiten.

Ehegatten können in jedem Güterstand vereinbaren, dass Vermögen, das aufgrund des Güterrechts ein Ehegatte allein verwaltet, dem anderen zur Verwaltung überlassen wird. Dies kann durch **formlosen Vertrag** erfolgen. Er ist jederzeit widerrufbar, falls die Ehegatten nicht ehevertraglich etwas anderes vereinbart haben (§ 1413 BGB). Da Verwaltungsverträge nur die Beziehungen zwischen den Ehegatten betreffen, kann der verwaltende Partner den anderen gegenüber Dritten rechtsgeschäftlich nur verpflichten, wenn ihm auch eine entsprechende Vollmacht erteilt wird.

4. Nachehelicher Unterhalt und Versorgungsausgleich

Beispiele: Herr und Frau Müller sind mit dem Zerrüttungsprinzip nicht einverstanden. Nur derjenige Ehegatte, der keine „Schuld" an der Scheidung ihrer Ehe hat, soll später einmal vom anderen Unterhalt und Rentenanrechte bekommen. Außerdem möchte Herr Müller nur für die Zeiten bezahlen, in denen seine Frau gemeinsame Kinder erzieht, im Übrigen soll sie arbeiten oder der „Staat" einspringen.
Hermann ist der Ansicht, seine Frau Uschi solle nach einer etwaigen Scheidung sofort wieder arbeiten. Die derzeit einjährige Nadine und die zweijährige Nicole seien ohnehin in der Kinderkrippe und im Kindergarten besser aufgehoben.

Während ein vollständiger oder teilweiser Verzicht auf den **während der Ehe** geschuldeten Unterhalt, sogar während eines Getrenntlebens, für künftige Zeiten nichtig ist und auch nicht durch eine Vereinbarung, den Unterhalt nicht geltend zu machen, umgangen werden kann, können Ehegatten für die Zeit nach ihrer Scheidung bereits vor oder während der Ehe vorsorgende Vereinbarungen treffen.

Den Ehegatten steht es grundsätzlich sogar frei, den **nachehelichen Unterhalt** und den **Versorgungsausgleich** vollständig **auszuschließen.** Der vollständige Ausschluss des Versorgungsausgleichs kann auch bei einer Alleinverdienerehe der gerichtlichen Wirksamkeitskontrolle standhalten, wenn die wirtschaftlich nachteiligen Folgen dieser Regelung für den belasteten Ehegatten durch Ausgleichsleistungen (z. B. eine private Kapitalversicherung, die Übertragung einer Immobilie) ausreichend abgemildert werden. Schließen Partner einen derartigen Vertrag, wenn sie beide erwerbstätig sind, ohne eine Kompensation und gibt später einer von ihnen wegen der Betreuung eines gemeinsamen Kindes oder eines sonstigen Angehörigen seinen Beruf auf, erfolgt, wenn die Ehegatten ihren Vertrag nicht selbst „nachbessern", später im Scheidungsverfahren durch das Familiengericht eine Anpassung um die veränderten Verhältnisse. Voraussetzung ist, dass ein Ehegatte aufgrund einvernehmlicher Änderung der gemeinsamen Lebensumstände, insbesondere der Rollenverteilung, über keine ausreichende Sicherung im Alter und bei Invalidität verfügt und dieses Ergebnis mit dem Gebot nachehelicher Solidarität schlechthin unvereinbar erscheint. Der Familienrichter hat dann diejenige Rechtsfolge anzuordnen, welche die berechtigten Belange beider Ehegatten in der eingetretenen neuen Situation ausgewogen berücksichtigt. Entscheidend ist, dass ehebedingte Nachteile, die ein Partner auf sich genommen hat, ausgeglichen werden. Die eheliche Solidargemeinschaft verbietet einen vollständigen kompensationslosen Ausschluss, wenn von vornherein klar ist, dass der nicht erwerbstätige Partner damit automatisch der Sozialhilfe anheim fällt. Unterhaltsvereinbarungen dürfen zudem nicht zu Lasten gemeinsamer Kinder gehen, die nicht mehr angemessen betreut werden können. Mitunter werden Eheverträge (unter dem Vorwand) geschlossen, die Ehefrau vor einer Insolvenz des Ehemanns zu schützen, was ohnehin unsinnig ist. Werden dabei Gütertrennung, ein Unterhaltsverzicht und ein Ausschluss des Versorgungsausgleichs vereinbart, obwohl die Frau ein gemeinsames Kleinkind betreut und deshalb längere Zeit aus dem Berufsleben ausscheiden soll, ist der Vertrag sittenwidrig und nichtig. Eine Anpassung durch das Familiengericht kommt nicht in Betracht. Die Nichtigkeitsfolge erfasst in diesem Fall den gesamten Vertrag, auch wenn die Gütertrennung isoliert wirksam hätte vereinbart werden können. Auch eine sog. salvatorische Klausel, die die Parteien zur Vereinbarung einer der der nichtigen Klausel wirtschaftlich möglichst nahekommenden wirksamen Regelung verpflichtet, wird von einer Nichtigkeit erfasst. Grund ist, dass in diesem Fall die Ersetzungsklausel im Interesse des begünstigten Ehegatten die Funktion hat, den Restbestand eines dem benachteiligten Ehegatten aufgedrängten Vertragswerks so weit wie möglich gegenüber der Unwirksamkeit einzelner Vertragsbestimmungen rechtlich abzusichern. In diesem Fall spiegelt die Vereinbarung der salvatorischen Klausel selbst die auf der ungleichen Verhandlungsposition beruhende Störung der Vertragsparität zwischen den Ehegatten wider.

Bleiben beide Partner berufstätig, so kann jeder selbst für seine soziale Sicherung im Falle der Krankheit und des Alters sorgen. In diesen Fällen können die Scheidungsfolgen weitgehend abbedungen werden. Dies ist auch dann der Fall, wenn ein Kinderwunsch besteht und die Kinder durch Dritte (z. B. Kita, Kindergarten, Ganztagsschule, Kinderpflegerin, Großeltern) betreut werden, um beiden Eltern die Berufstätigkeit zu ermöglichen. Alternativ können sich beide Ehegatten die Kinderbetreuung und sonstige Familienarbeit teilen, sodass kein Partner allein ehebedingte Nachteile hinnehmen muss. Gleiches gilt bei einer Eheschließung von älteren Partnern, die bereits über eine soziale Sicherung für das Alter und die Individualität verfügen und für die deshalb mit der Partnerschaft keine Nachteile verbunden sind. Wird eine Berufstätigkeit dagegen zur Kinder-, Angehörigen- oder Partnerbetreuung, zur Führung des Haushalts oder aus sonstigen Gründen im Einverständnis mit dem Partner und im beiderseitigen Interesse unterbrochen, können der nacheheliche Unterhalt sowie der Versorgungsausgleich auf diese Zeit und auf die eingetretenen Nachteile **beschränkt** werden. Begrenzungen sind bei Ehepartnern mit weit voneinander abweichenden Einkommensverhältnissen (sog. Differenzehe) auch der Höhe nach möglich. Ein Beispiel sind die erfolgreiche Steuerberaterin, die nebenher noch das gemeinsame Kind betreut, und der auf den pünktlichen Dienstschluss achtende Finanzbeamte. Allerdings wäre es möglicherweise auch hart, wenn der Krankenpfleger, der die Chefärztin geheiratet hat, sofort nach einer Scheidung einen finanziellen Abstieg erfährt. Eine partnerschaftliche Ehe wird ihm unter dieser Prämisse kaum möglich sein; es handelt sich eher um eine „Wohlverhaltensehe". Eine kompensationslose Beschränkung des Anspruches auf Betreuungsunterhalt auf das Existenzminimum ist deshalb nichtig. Besonders problematisch wird eine Begrenzung des nachehelichen Unterhalts auch, wenn gemeinsame Kinder vom finanziellen Abstieg des sie betreuenden Elternteils mittelbar mitbetroffen werden. Insoweit eine gerechte Lösung zu finden, ist jedoch nicht einfach. Ehegatten sollten bei Vereinbarungen darauf achten, dass zumindest **gemeinschaftsbedingte Nachteile** ausgeglichen werden. Ein ehebedingter Nachteil liegt dabei nicht nur vor, wenn ein Partner, ehebedingt von der Aufnahme einer Erwerbstätigkeit absieht oder eine bereits ausgeübte Erwerbstätigkeit aufgibt, sondern auch dann, wenn er ehebedingt seinen Arbeitsplatz wechselt und dadurch Nachteile erleidet. Im Rahmen einer richterlichen Anpassung muss geprüft werden, welche berufliche Entwicklung der betroffene Ehegatte ohne die Eheschließung samt ihrer Funktionsteilung geplant oder zu erwarten gehabt hätte, welche Aufstiegs- und Qualifikationsmöglichkeiten in seinem Beruf für ihn bestanden hätten und ob er hierfür eine genügende Bereitschaft samt Erfolgsaussicht aufgebracht hätte. Dabei ist zu berücksichtigen, dass auch bei einer nachehelichen Kinderbetreuung das Gesetz grundsätzlich von einem auf drei Jahre begrenzten (Basis-)Unterhalt ausgeht. Die Partner können aber auch über die gesetzliche Regelung hinausgehen. So kann beispielsweise ein Kinderbetreuungsunterhalt nach dem früher geltenden Altersphasenmodell bis ca. zum 14./16. Lebensjahr vorgesehen werden. Ein Elternteil kann dadurch im Interesse der gemeinsamen Kinder die nunmehr engen zeitlichen Vorgaben hinsichtlich einer Erwerbsobliegenheit des kinderbetreuenden Ex-Ehegatten erweitern. Ein Kinderbetreuungsunterhalt kann auch für nicht biologisch oder rechtlich, sondern nur sozial gemeinsame Kinder vereinbart werden. Dies hat Bedeutung insbesondere für gleichgeschlechtliche Paare. Die Praxis zeigt allerdings, dass „Großzügigkeitsverträge" weitaus seltener sind als Vereinbarungen, die den Partner hinsichtlich seiner gesetzlichen Ansprüche beschränken sollen. Zudem kann die großzügige Ausgleichszahlung für einen (Teil-)Verzicht auf nachehelichen Unterhalt, die bereits im vorsorgenden Ehevertrag unabhängig vom tatsächlichen Eintritt des späteren Unterhaltstatbestandes vereinbart wird, zur Schenkungsteuerpflicht führen. Haben Ehegatten vor der Unterhaltsrechtsreform 2009 eine lebenslange Unterhaltsverpflichtung vereinbart, kann sich der Unterhaltspflichtige zudem auf eine Störung der Geschäftsgrundlage berufen und eine Anpassung des Ehevertrags gerichtlich durchsetzen.

Vereinzelt wünschen die Partner immer noch die Abhängigkeit der Scheidungsfolgen vom **Verschuldensprinzip.** Dies ist hinsichtlich des Güterrechts und auch hinsichtlich des Versorgungsausgleichs zwar möglich, aber nicht unproblematisch, da es sich in beiden Fällen um die Verteilung von Vermögenswerten handelt, die in den „guten Tagen" des Zusammenlebens erwirtschaftet wurden. Beim nachehelichen Unterhalt erfordert eine derartige Vereinbarung die spätere Feststellung der Schuld, sodass vor dem Gericht „schmutzige Wäsche gewaschen werden" muss. Da bereits nach § 1579 Nr. 7 BGB, § 16 Abs. 2 S. 2 LPartG Verstöße eines Ehegatten gegen die eheliche Treuepflicht sowie das einseitige Ausbrechen aus einer intakten Ehe zum Unterhaltsausschluss führen können, werden damit häufig bereits die Wirkungen einer „Verschuldensklausel" erfüllt. Auf eine weiter gehende vertragliche Regelung sollten die Beteiligten deshalb verzichten. Sie ist zudem bedenklich, wenn ihr überwiegende Interessen der zu betreuenden gemeinsamen Kinder entgegenstehen.

Vereinbarungen über den Versorgungsausgleich sind noch im Zusammenhang mit der Scheidung möglich. Das Familiengericht muss sie allerdings unabhängig vom Zeitpunkt der Vereinbarung stets von Amts wegen prüfen und in seine Entscheidung einbeziehen. Das Gesetz nennt beispielhaft drei Möglichkeiten von Vereinbarungen über den Versorgungsausgleich: Die Einbeziehung des Versorgungsausgleichs in eine vermögensrechtliche Regelung, den Total- oder Teilausschluss des Versorgungsausgleichs und die Vereinbarung des schuldrechtlichen Versorgungsausgleichs. Zu prüfen ist, ob die entsprechenden Versorgungssysteme eine Übertragung zulassen und gegebenenfalls von einer Zustimmung des betreffenden Versorgungsträgers abhängig machen. Schließlich ist anzumerken, dass Vereinbarungen über den Versorgungsausgleich unter bestimmten Voraussetzungen auf Antrag eines Partners der Abänderung unterliegen, wenn diese nicht vertraglich ausgeschlossen wurde. Gingen die Eheleute bei Abschluss eines Ehevertrages mit Ausschluss des Versorgungsausgleichs von einer Berufstätigkeit trotz Geburt eines Kindes aus und steht dann doch keine funktionierende Großmutter oder Kinderkrippe zur Verfügung, kann die Geschäftsgrundlage für die Vereinbarung wegfallen.

Sogar ein **Gesamtverzicht,** d. h. die Vereinbarung einer Gütertrennung, ein wechselseitiger Verzicht auf nachehelichen Unterhalt und der Ausschluss des Versorgungsausgleichs, ist nicht von vornherein sittenwidrig. Ob eine Vereinbarung im Einzelfall sittenwidrig ist, hängt von ihrem aus Inhalt, Beweggrund und Zweck zu entnehmenden Gesamtcharakter ab. Grundsätzlich besteht beim Güterrecht weitgehende Vertragsfreiheit. Zudem sind die einzelnen Scheidungsfolgen isoliert zu betrachten. Allerdings kann, auch wenn die Einzelregelungen zu den Scheidungsfolgen in einem Ehevertrag jeweils isoliert betrachtet noch nicht sittenwidrig erscheinen, der Vertrag in der Gesamtwürdigung dennoch insgesamt sittenwidrig sein, sofern das Zusammenwirken aller in dem Vertrag enthaltenen Regelungen erkennbar auf eine einseitige Benachteiligung eines Ehegatten abzielt und eine Ungleichgewichtslage zur Durchsetzung dieses Vertrags ausgenutzt wurde. Außerdem kann ausnahmsweise in besonderen Sachverhaltskonstellationen bei einer richterlichen Ausübungskontrolle ein „Hinübergreifen“ in ein anderes vermögensbezogenes Ausgleichssystem erfolgen, um ehebedingte Nachteile auszugleichen. Beispiel ist die Alterssicherung durch den Zugewinnausgleich, wenn ein unternehmerisch tätiger Ehegatte keine auszugleichenden Anrechte im Versorgungsausgleich erwirbt. Entscheidend für die richterliche Inhaltskontrolle dürfte sein, ob ehebedingte Nachteile ausgeglichen werden oder ob sich ein Partner von seinen gesetzlichen Pflichten einseitig gleichsam vertraglich freizeichnet. Zusätzliche Gesichtspunkte können sich dabei aus dem zeitlichen Abstand zu einer für denkbar gehaltenen Scheidung ergeben. Sittenwidrig ist beispielsweise ein **Gesamtverzicht,** den die schwangere Verlobte kurz vor dem Standesamtstermin erklärt. Gleiches gilt für eine sprachunkundige Ausländerin, die in Deutschland keiner Erwerbstätigkeit nachgehen kann, und für den von einer Ausweisung bedrohten Ausländer, der sich auf einen einseitigen Vertrag einlässt, aber auch für den deutschen Ehegatten, der den Vertragsentwurf nicht rechtzeitig vor der Beurkundung erhält. Verzichtet eine Ehefrau nach 25-jähriger Ehe auf Unterhalt, Zugewinn- und Versorgungsausgleich und ihre Hälfte am gemeinsamen Haus zur Erhaltung der Ehe ohne Gegenleistung, ist diese Vereinbarung ebenfalls nichtig.

5. Vereinbarungen zwischen und mit Ausländern sowie von im Ausland lebenden Deutschen

Beispiele: Mohammed und Theresa sind türkische bzw. italienische Staatsangehörige. Sie sind als Gastarbeiterkinder in Deutschland aufgewachsen, sprechen bayerischen Dialekt und fühlen sich allein Deutschland verbunden. Deshalb wünschen sie die Geltung deutschen Rechts für ihre geplante Ehe. Beide führen. eine „Wochenend-Ehe", da Mohammed in Österreich wohnt und arbeitet, während Theresa dies in Deutschland tut.
Sepp und Resi, die beide Deutsche sind, leben in Österreich. Da sie ihr wesentliches Vermögen, insbesondere Immobilien, in Deutschland haben, wollen sie für die güterrechtlichen Wirkungen ihrer Ehe deutsches Recht vereinbaren. Zumindest soll dies für ihre in Deutschland belegenen Grundstücke gelten. Die mit ihnen befreundeten Ehegatten Hans und Franzi, beide Österreicher, haben für ihre in Deutschland gelegenen Grundstücke noch im Dezember 2018 deutsches Güterrecht gewählt und hierfür Gütertrennung vereinbart.

Hinsichtlich der **allgemeinen Ehewirkungen** können die Ehegatten nur eines ihrer Heimatrechte oder das Recht des Aufenthaltslandes, nicht aber das Recht eines dritten Staates wählen. Allerdings gilt im obigen ersten Beispiel ohnehin deutsches Recht, da beide Partner mit diesem Staat am engsten verbunden sind. Hinsichtlich der **güterrechtlichen Wirkungen** standen den Ehegatten bis zum 29.1.2019 folgende Möglichkeiten einer Rechtswahl zur Verfügung: Zur Wahl freigestellt waren ihnen das Heimatrecht und das Recht des gewöhnlichen Aufenthalts auch nur eines Ehegatten. Bezüglich des **unbeweglichen Vermögens,** z. B. für Grundstücke, konnte ferner das Recht des Lageortes gewählt werden. Die bisher getroffenen Rechtswahlen bleiben bestehen, auch wenn sie nach der ab 29.1.2019 geltenden Rechtslage, wie z. B. die Wahl des Belegenheitsortes bei Immobilien, nicht mehr möglich sind. Für eine **Rechtswahl** von Ehegatten, die **nach dem 29.1.2019** getroffen wird, gelten die Art. 22–24 EuGüVO. Dies gilt unabhängig davon, ob die Ehegatten vor oder nach diesem Zeitpunkt geheiratet haben. Auch eine Änderung früherer Vereinbarungen ist nur mehr nach den Bestimmungen der EuGüVO zulässig. Deshalb können nicht weitere Immobilien der gegenständlich beschränkten früheren Rechtswahl unterstellt werden. Gewählt werden können nur noch (vgl. S. 134) das Güterrecht am gewöhnlichen Aufenthalt der (künftigen) Ehegatten im Zeitpunkt der Rechtswahl und das Güterrecht eines Staates, dessen Staatsangehörigkeit einer der (künftigen) Ehegatten zum Zeitpunkt der Rechtswahl hat (Art. 22 Abs. 1 EuGüVO). Unerheblich ist in beiden Fällen, ob es sich um das Recht eines Mitglieds- oder Drittstaates (unter Einschluss der EuGüVO nicht beigetretener EU-Staaten) handelt. Die Rechtswahl ist vor und nach Eheschließung möglich. Die Rechtswahl ist beliebig oft möglich. Die Ehegatten können auch eine Rückwirkung vereinbaren; diese hat jedoch keine Auswirkungen auf frühere Rechtshandlungen oder Rechte Dritter, die sich aus dem früheren Güterrechtsstatut ergeben (Art. 22 Abs. 3 EheGüVO). Der Rückwirkungsstichtag muss nicht der Tag der Eheschließung sein. Die Ehegatten werden im Zusammenhang mit der Rechtswahl für die Zukunft meist auch einen neuen Güterstand vereinbaren, so dass der bisherige abzuwickeln ist. Ist eine Rechtswahl für deutsches Recht erfolgt, kann der Güterstand, nämlich Zugewinngemeinschaft, Gütertrennung, Gütergemeinschaft und Wahlzugewinngemeinschaft samt etwaiger Modifikationen, nach den Vorschriften des BGB geregelt werden.

Eingetragene Lebenspartner hatten bis zum 29.1.2019 keine Möglichkeit einer direkten Rechtswahl. Sie konnten ihre Partnerschaft z. B. nicht in Deutschland durch ausdrückliche Erklärung einem ausländischen Recht unterstellen. Bei der Wahl des Staates, in dem sie ihre Partnerschaft eintragen ließen, waren sie jedoch frei, soweit dort ein entsprechendes Rechtsinstitut bestand. Bei mehrfacher Registrierung war das Recht des letzten Eintragungsorts maßgeblich, wobei allerdings die Rechtsfolgen im Inland nicht weiter gingen als aus Sicht des deutschen Rechts. Die Registrierung führte somit zu einer **indirekten** und inhaltlich beschränkten **Rechtswahl.** Zum 29.1.2019 gelten auch für gleichgeschlechtliche Paare und für Paare, bei denen zumindest ein Ehegatte weder dem weiblichen noch männlichen Geschlecht angehört, dieselben Rechtswahlmöglichkeiten wie für heterosexuelle Ehegatten. Sie können, wenn sie in Deutschland heiraten, eine Ehe schließen. Steht deren Lebenspartnerschaft nicht einer Ehe gleich, gelten für sie die güterrechtlichen Rechtswahlmöglichkeiten nach der EuPartVO. Hinsichtlich der sonstigen Wirkungen ihrer Lebenspartnerschaft ist auch hinsichtlich der Rechtswahlmöglichkeiten das Recht des (letzten) Registrierungsstaates maßgeblich.

6. Testamente und Erbverträge

Beispiele: Herr und Frau Müller haben zwei gemeinschaftliche Kinder. Wenn ein Ehegatte stirbt, soll zunächst der Überlebende Alleinerbe werden. Die Kinder sollen erst beim Ableben des Letztversterbenden erben. Ludwig und Klaus sind glücklich mit dem unter Geltung des alten Lebenspartnerschaftsrechts von Ludwig allein adoptierten Daniel. Ludwig ist ein bekannter Star und hat ein großes Vermögen. Die Eltern des jüngeren Klaus lehnen die „Homo-Ehe" ab und sollen deshalb beim Tod von Klaus möglichst wenig erhalten. Daniel soll möglichst alles erben.

Ehegatten können die Erbfolge durch Einzeltestamente oder einen Erbvertrag regeln. Daneben steht ihnen das gemeinschaftliche Testament zur Verfügung. Setzen sich Ehegatten gegenseitig und als Erben des Längstlebenden die gemeinsamen Kinder ein, spricht man von einem **„Berliner Testament“.** Im Zweifel wird dabei der überlebende Ehegatte Vollerbe und die gemeinsamen Kinder werden Erben des Längstlebenden. Da sie beim ersten Erbfall enterbt sind, stehen ihnen Pflichtteilsansprüche in Höhe der Hälfte des gesetzlichen Erbteils gegen den überlebenden Elternteil zu. Das Berliner Testament kann bei der sogenannten Patchwork-Familie mit nicht nur gemeinsamen Kindern zu Zufälligkeiten beim Tod des Zweitversterbenden führen. Bei Vorhandensein einseitiger Kinder ist eine testamentarische oder erbvertragliche Regelung der Erbfolge besonders wichtig. Auch bei gleichgeschlechtlichen Paaren, die überwiegend keine, jedenfalls keine gemeinschaftlichen Kinder haben, sollte die Schlusserbfolge nicht dem Zufall überlassen werden.

Während die gegenseitige Erbeinsetzung häufig gewünscht wird, bestehen in nicht wenigen Fällen Unklarheiten über die Schlusserbeinsetzung: Soll der überlebende Partner insoweit die Möglichkeit der Abänderbarkeit mit der Konsequenz haben, dass er auch einen neuen Ehegatten oder Kinder aus einer zweiten Ehe oder Beziehung bedenken könnte? Letztlich kann diese Frage nur im Hinblick auf die Vermögensverhältnisse, insbesondere die Herkunft wertvoller Gegenstände, und das bestehende gegenseitige Vertrauen im Einzelfall beantwortet werden. Auch erbschaftsteuerliche Fragen sind zu beachten. Bei einem größeren Vermögen sollte eine „Übersicherung“ des überlebenden Partners vermieden werden. So kann anstelle einer Erbeinsetzung auch ein Wohnungsrecht ausreichend sein. Umgekehrt sollte allein zur Steuerersparnis aber auch nicht auf eine Absicherung des überlebenden Partners verzichtet werden.

7. Form, Kosten und Güterrechtsregister

a) Welche Formvorschriften sind bei Vereinbarungen zu beachten?

Beispiel: Moritz und Frieda streiten wieder einmal auf einer Familienfeier lautstark. Moritz wirft Frieda vor, sie sei nur hinter seinem Geld her. Frieda erklärt daraufhin: „Steck dir dein Geld in den A... Ich will nach einer Scheidung keinen Cent von dir. Ich kann arbeiten und für mich selbst sorgen!" Als Frieda die Frage von Moritz, ob sie das ernst meine, bejaht, sagt er: „Einverstanden!" Dies bestätigen im Scheidungsverfahren, als Moritz keinen nachehelichen Unterhalt bezahlen möchte, die Zeugen.

Ein Ehevertrag hinsichtlich der güterrechtlichen Verhältnisse der Ehegatten muss bei gleichzeitiger Anwesenheit beider Teile zur **Niederschrift eines Notars** geschlossen werden. Die notarielle Form gilt auch für Rechtswahlverträge und Vereinbarungen über den Zugewinnausgleich. Die gleichzeitige Anwesenheit beim Notar bedeutet übrigens nicht, dass beide Partner persönlich erscheinen müssen. Sie können sich auch, z. B. durch ihre Rechtsanwälte, vertreten lassen. Eine Vertretung durch den anderen Teil, der allein den Vertrag schließt, oder durch Büroangestellte des Notars ist gefährlich. Ein derartiger Vertrag wird im Ernstfall einer gerichtlichen Prüfung kaum standhalten. Vereinbarungen über den nachehelichen Unterhalt sowie über den Versorgungsausgleich bedürfen ebenfalls der notariellen Beurkundung. Erst nach der Scheidung besteht das Formerfordernis nicht mehr, beim Versorgungsausgleich erst nach Rechtskraft der familiengerichtlichen Entscheidung über den Wertausgleich. Bis zu diesen Zeitpunkten gilt der Formzwang auch für Änderungen des notariell beurkundeten Ehevertrags; dies gilt auch dann, wenn der Regelungsgegenstand als solcher allein keinen Formvorschriften unterläge (z. B. Vereinbarungen über die Verteilung der Haushaltsgegenstände im Zusammenhang mit der Vermögensauseinandersetzung). Hinsichtlich des nachehelichen Unterhalts gilt das Erfordernis der notariellen Beurkundung erst seit 1.1.2008; vorher waren auch formfrei geschlossene, z. B. mündliche, Unterhaltsverträge wirksam. Die Regelung der Rollenverteilung und der Einzelheiten der ehelichen Lebensgemeinschaft sind weiterhin formlos, also auch mündlich, möglich. Die notarielle Beurkundung wird durch einen gerichtlichen Vergleich, der aber die Mitwirkung von zwei Rechtsanwälten erfordert, ersetzt.

b) Welche Kosten fallen beim Notar an?

Beispiel: Moritz soll später das Unternehmen seiner Eltern übertragen bekommen. Es ist mehrere Millionen wert. Zur Sicherheit möchte er mit Frieda einen Ehevertrag schließen, in dem für den Fall einer Scheidung zum Schutz des Unternehmens eine pauschale Abfindung für Frieda unabhängig vom Zugewinn vereinbart wird. Gleichzeitig möchte er Frieda und die Kinder für den Fall seines Todes absichern. Allerdings fürchtet er die hohen Notarkosten.

Die Notargebühren für einen Ehevertrag richten sich nach dem Inhalt der Regelung. Für güterrechtliche Vereinbarungen bildet das gegenwärtige Vermögen beider Partner die Berechnungsgrundlage. Verbindlichkeiten werden nur noch bis zur Hälfte des Vermögens des jeweiligen Ehegatten abgezogen. Betrifft der Ehevertrag nur das Vermögen eines Ehegatten, sind nur dessen Vermögen und seine Verbindlichkeiten maßgeblich. Betrifft eine Modifizierung des Güterstandes nur bestimmte Vermögenswerte (z. B. Grundbesitz der Ehefrau), ist nur deren Wert Berechnungsgrundlage. Land- und forstwirtschaftliche Betriebe werden nicht privilegiert. Regelungen zum Versorgungsausgleich und zum nachehelichen Unterhalt sind extra zu bewerten. Gleiches gilt für einen Erb- und Pflichtteilsverzicht. Ergibt dies einen Geschäftswert von ca. 100.000 EUR, kostet der Ehevertrag etwa 650 EUR. Bei einem Geschäftswert von 500.000 EUR ergibt sich eine Gebühr von ca. 2.250 EUR. Künftiges Vermögen spielt dabei keine Rolle; lediglich wenn es im Ehevertrag konkret bezeichnet wird, ist es mit 30% seines Wertes zu berücksichtigen. Ein Ehevertrag sollte deshalb vor einer Vermögensübertragung beurkundet werden. Er gilt dann auch für den späteren Vermögenszuwachs. Wird ein Ehevertrag gleichzeitig mit einem Erbvertrag beurkundet, werden die Werte jedes Vertrages gesondert ermittelt. Die Addition beider Werte bildet dann den Geschäftswert für die Beurkundungsgebühr. Durch die degressive Gebührentabelle ergibt sich gegenüber einer getrennten Beurkundung eine Kostenersparnis. Allerdings kann der Erbvertrag dann später nicht mehr aus der amtlichen Verwahrung genommen und vernichtet werden. Der notarielle Erbvertrag erspart dem künftigen Erben zudem den bei

Grundbesitz erforderlichen Erbschein, dessen Kosten sich aus dem späteren meist höheren Nachlasswert berechnen würden. Eine geschickte Gestaltung im Rahmen der notariellen Beurkundung kann somit neben der Streitvermeidung helfen, hohe Kosten zu sparen.

c) Was ist das Güterrechtsregister?

Der Güterstand von Ehegatten kann auch Auswirkungen auf die Verfügungsbefugnis und die Schuldenhaftung haben und damit die Rechtsstellung Dritter berühren. Das bei den **Amtsgerichten** geführte Güterrechtsregister soll Dritte davor schützen, dass ihnen von der gesetzlichen Regelung abweichende Abmachungen entgegengehalten werden. Es schützt aber auch die Ehegatten, indem es ihnen die Möglichkeit gibt, Dritten solche Vereinbarungen wirksam entgegenzusetzen. Es besteht jedoch keine Pflicht zur Eintragung. Ein Ehevertrag ist in Deutschland auch ohne Eintragung wirksam. Eintragungsfähig sind nur solche Tatsachen, die **Außenwirkungen für den Rechtsverkehr haben.** Beispiel ist die Ausschließung der sog. Schlüsselgewalt (vgl. S. 54). Größere Bedeutung hat die Eintragung ausländischer Güterstände und ihrer Verfügungsbeschränkungen, die teilweise nach ausländischem Recht Wirksamkeitsvoraussetzung ist.

Dem Güterrechtsregister kommt **kein öffentlicher Glaube zu.** Lediglich auf den Fortbestand einer Eintragung und dem Schweigen des Registers darf man vertrauen. Ist eine Tatsache nicht eingetragen, so muss ein Dritter sie nur gegen sich gelten lassen, wenn er sie kennt. Eintragungen im Güterrechtsregister werden im örtlichen Bekanntmachungsblatt veröffentlicht. Dieser Umstand hat dazu geführt, dass die Güterrechtsregister praktisch fast ohne Bedeutung sind.

II. Musterformulierungen für notarielle Eheverträge

1. Ehevertrag einer Doppelverdienerehe ohne Kinderwunsch

a) Modifizierte Zugewinngemeinschaft für die Scheidung

Hinsichtlich des ehelichen Güterrechts soll es grundsätzlich beim gesetzlichen Güterstand verbleiben.

Wenn dieser Güterstand auf andere Weise als durch den Tod eines Ehegatten beendet wird, insbesondere wenn unsere Ehe geschieden wird, soll ein Zugewinnausgleich nicht durchgeführt werden. Dagegen verbleibt es beim Zugewinnausgleich bei Beendigung unserer Ehe durch den Tod eines Ehegatten.

Die Verfügungsbeschränkungen der §§ 1365, 1369 BGB schließen wir aus; jeder Ehegatte kann somit ohne Zustimmung des anderen über sein Vermögen im Ganzen und über die ihm gehörenden Gegenstände des ehelichen Haushalts verfügen. Eine Eintragung dieses Ausschlusses in das Güteregister wünschen wir nicht.

b) Ausschluss des nachehelichen Unterhalts und des Versorgungsausgleichs

Für den Fall der Scheidung unserer Ehe vereinbaren wir den gegenseitigen und vollständigen Verzicht auf die Gewährung nachehelichen Unterhalts, auch für den Fall der Not und der Gesetzesänderung, und nehmen diesen Verzicht gegenseitig an.

Durch den heutigen Ehevertrag schließen wir auch den Versorgungsausgleich aus (§ 1408 Abs. 2 BGB), desgleichen – soweit erforderlich – die Abänderbarkeit dieser Vereinbarung gemäß § 227 Abs. 2 FamFG.

c) Auflösende Bedingung bei geänderter Familienplanung

Die vorstehend vereinbarte Modifizierung der Zugewinngemeinschaft, der gegenseitige Verzicht auf nachehelichen Unterhalt und der Ausschluss des Versorgungsausgleichs werden von Anfang an unwirksam, wenn aus unserer Ehe ein gemeinsames Kind hervorgeht oder wenn wir ein minderjähriges Kind adoptieren und einer von uns deswegen seine Berufstätigkeit ganz oder teilweise, auch nur vorübergehend, aufgibt.

2. Ehevertrag eines Ehepaars mit zukünftigem Familienvermögen und mit Kindern

a) Modifizierte Zugewinngemeinschaft bezüglich Wertsteigerungen

Hinsichtlich des ehelichen Güterrechts soll es grundsätzlich beim gesetzlichen Güterstand verbleiben.

Wenn dieser Güterstand aber auf andere Weise als durch den Tod eines Ehegatten beendet wird, insbesondere wenn unsere Ehe geschieden wird, soll Vermögen eines Ehegatten, das dieser mit Rücksicht auf ein künftiges Erbrecht, durch Schenkung eines Dritten, als Ausstattung oder von Todes wegen erwirbt, beim Zugewinnausgleich in keiner Weise, also weder beim Anfangs- noch beim Endvermögen des betreffenden Ehegatten, berücksichtigt werden, desgleichen die dieses Vermögen betreffenden Verbindlichkeiten. Dies gilt auch für etwaige Ersatzgegenstände. Verwendungen auf diese vom Zugewinnausgleich ausgenommenen Gegenstände sind jedoch zu berücksichtigen, wenn sie aus ausgleichspflichtigem Vermögen eines Ehegatten erfolgen. Kein Ehegatte ist zum Zugewinnausgleich verpflichtet, wenn er unter Berücksichtigung des vom Zugewinnausgleich ausgenommenen Vermögens nicht zu Ausgleich verpflichtet wäre; der Zugewinnausgleich soll sich somit durch die vorstehende Regelung nicht umkehren.

b) Nachehelicher Unterhalt und Versorgungsausgleich nur bei Kinderbetreuung

Wir verzichten gegenseitig auf die Gewährung nachehelichen Unterhalts. Von diesem Ausschluss ausgenommen sind jedoch der Unterhalt wegen Betreuung eines Kindes (§ 1570 BGB) sowie der Unterhalt wegen Alters und wegen Krankheit oder Gebrechen (§§ 1571, 1572 BGB).

Wir schließen ferner den Versorgungsausgleich und eine Abänderbarkeit dieser Vereinbarung aus. Der Versorgungsausgleich soll nach Maßgabe der gesetzlichen Vorschriften für den Zeitraum, in dem ein Ehegatte wegen der Betreuung eines gemeinsamen Kindes keine eigenen Versorgungsrechte oder weniger als bei unveränderter Fortsetzung der Berufstätigkeit erwirbt, durchgeführt werden. *Gegebenenfalls kann ergänzt werden:* Es sollen jedoch auch dann höchstens so viele Anrechte übertragen werden, als dieser Ehegatte bei unveränderter Fortsetzung der Berufstätigkeit unter Berücksichtigung etwaiger in der Kindererziehungszeit erworbener Anrechte insgesamt hätte erzielen können.

3. Ehevertrag mit Vereinbarung der Gütertrennung

Für unsere künftige Ehe vereinbaren wir den Güterstand der Gütertrennung.

4. Ehevertrag bei sozial gemeinsamem Kind

Wir leben im gesetzlichen Güterstand der Zugewinngemeinschaft. Eine Änderung hierzu wünschen wir nicht. Hinsichtlich des Getrenntlebens- und des nachehelichen Unterhalts vereinbaren wir, dass in Ausgestaltung der gesetzlichen Unterhaltspflicht (§§ 1565 ff. BGB) Lisa Link, die das Kind Daniel entsprechend unserem gemeinsamen Entschluss nach einer privaten Samenspende eines befreundeten Mannes, der die Vaterschaft anerkannt hat, bekommen hat, auch Anspruch auf Kinderbetreuungsunterhalt entsprechend § 1570 BGB haben soll, so als ob es sich um ein gemeinsam adoptiertes Kind handelt, auch wenn eine Stiefkindadoption unterblieben ist, da das Kind seinen Vater nicht verlieren soll.

Sachverzeichnis

A

B

D

E

G

H

U

V

W

Z